coleção primeiros passos 314

Maria Amélia de Almeida Teles
Mônica de Melo

O QUE É VIOLÊNCIA CONTRA A MULHER
1ª Edição

editora brasiliense
São Paulo - 2012

Copyright © by Maria Amélia de Almeida Teles
e Mônica de Meio, 2002
Nenhuma parte desta publicação pode ser gravada,
armazenada em sistemas eletrônicos, fotocopiada,
reproduzida por meios mecânicos ou outros quaisquer
sem autorização prévia do editor.

Primeira edição, 2002
3ª reimpressão, 2012

Diretora Editorial: *Maria Teresa B. de Lima*
Editor: *Max Welcman*
Produção Gráfica: *Adriana F. B. Zerbinati*
Produção Editorial: *Ione Franco*
Revisão: *Beatriz de Cássia Mendes, Cesar Ribeiro* e *Luiz Ribeiro*
Capa: *Danilo Henrique Carvalho*
Atualização da Nova Ortografia: *Natália Chagas Máximo*

Dados Internacionais de Catalogação na Publicação (CIP)
(Câmara Brasileira do Livro, SP, Brasil)

Teles, Maria Amélia de Almeida
  O que é violência contra a mulher / Maria Amélia de
Almeida --Teles, Mônica de Meio. - São Paulo: Brasiliense, 2012.
— (Coleção Primeiros Passos ; 314)

  3ª reimpr. da 1ª. ed. de 2002.
  ISBN 978-85-11-00063-4

  1. Mulheres — Condições sociais 2. Violência
I. Melo, Mônica de   II. Título.   III. Série

03-0468   CDD-362.88082

Índices para catálogo sistemático:
1. Violência contra mulheres: Problemas sociais   362.88082

editora brasiliense ltda
Rua Antônio de Barros, 1839 – Tatuapé
Cep 03401-001 – São Paulo – SP
www.editorabrasiliense.com.br

Introdução 7
I. O que é violência contra a mulher 13
II. Discriminação e preconceito 27
III. Assédio sexual 36
IV. Estupro 40
V. Lesões corporais, ameaças e assassinatos 45
VI. Violência contra a mulher: uma questão
de saúde pública! 51
VII. O reconhecimento dos direitos das mulheres
como direitos humanos 59
VIII. Proteção legislativa nacional e internacional 65
IX. A Lei 9.099/95 e a criação do juizado
especial criminal 84
X. Políticas públicas: iniciativas da sociedade civil
e do Estado 100
Conclusão 112
Indicações para leitura 117
Sobre as autoras 119

*Este trabalho é dedicado a todas as mulheres
e aos homens que buscam no seu cotidiano concretizar
sonhos de liberdade, justiça e esperança.
É dedicado em especial àquelas mulheres que são quase
assassinadas todos os dias e às que não sobreviveram.
Agradecimentos ao César, amigo e companheiro.*

INTRODUÇÃO

Quando se fala em violência contra as mulheres, percebemos que existe por parte do público a disposição de levantar questões procedentes ou não, de travar o diálogo, de desenvolver o debate e elaborar reflexões; atitudes que são frutos do longo trabalho realizado nas últimas décadas de denunciar e transformar em relações democráticas os históricos conflitos entre mulheres e homens. Nossa perspectiva é erradicar a violência e, por isso, estamos em constante debate com o público. Faltam muitos subsídios, informações e espaços para que esse debate corra livremente pelas ruas, escolas, mídia, empresas, poder público, sindicatos, partidos políticos e instituições religiosas. Faltam também, por parte de alguns setores decisivos, interesse e a confiança de que a transformação é possível. Trata-se de uma questão política: sensibilizar cada mulher e cada homem para que atuem na construção das tão propaladas igualdade, justiça social, cidadania, democracia, autonomia.

O objetivo de nosso trabalho é suscitar o debate, a curiosidade sobre o tema, e trazer o público para uma reflexão sobre o assunto.

Há muitos estudos que ainda não transpuseram os muros dos círculos restritos de pesquisas ou de ONGs, movimentos e entidades feministas. Realizamos este trabalho justamente para trazer informações atualizadas sobre o assunto. Com base em uma concepção feminista, abordaremos os vários tipos de violência, discriminação e preconceito — assédio sexual, estupro, lesões corporais, ameaças e assassinatos —, a proteção legislativa nacional e internacional, o reconhecimento dos direitos das mulheres como direitos humanos, a violência contra a mulher como um problema de saúde pública, as políticas públicas: iniciativas do Estado e da sociedade civil. Tudo isso tratado de maneira prática e objetiva, para que o público leigo possa ser introduzido no tema e possa fazer uma leitura diferenciada, que não a usual, quando o assunto for violência contra as mulheres.

O trabalho dirige-se também aos profissionais da imprensa, do Direito, da saúde ou mesmo de outras áreas, que precisem recorrer a uma informação rápida e atual sobre o assunto.

Ao se descobrir como agente importante do processo de eliminação da violência cotidiana, o público passará a ter interesse pelo assunto e buscará aprofundar-se nele. Esse é o resultado que queremos. Para tanto, ao final deste volume, relacionamos alguns livros sobre o tema a fim de estimular leituras que deem continuidade aos estudos.

A mídia fala todo dia de violência contra a mulher, ora referindo-se a ocorrências policiais, ora a ações do judiciário, frequentemente de maneira escandalosa, bem ao gosto da opinião pública. (Segundo os especialistas, a análise do fato toma muito tempo e a opinião pública não tolera assuntos mais profundos, sejam televisados, escritos ou falados.) Há artigos sérios sobre o tema que se perdem no meio de publicações de fatos extremamente violentos que acontecem todos os dias nas cidades brasileiras. O drama da violência contra a mulher faz parte do cotidiano das cidades, do país e do mundo. É pouco comovente porque é por demais banalizado, tratado como algo que faz parte da vida; tão natural que não se pode imaginar a vida sem sua existência. É um fenômeno antigo que foi silenciado ao longo da história, e passou a ser desvendado há menos de 20 anos. A mídia busca fatos novos, e quando se fala de violência contra a mulher, nada é novo.

Não obstante, nesses últimos anos a violência contra a mulher tem sido apresentada de maneira mais constante, em forma de denúncia, com comentários de estudiosas e pesquisadoras, mas ainda está coberta de tabus. Criaram-se os mitos das mulheres espancadas para justificar a paralisia da sociedade e dos poderes públicos frente à gravidade do problema.

A violência contra a mulher carrega um estigma como se fosse um sinal no corpo e na alma da mulher. É como se alguém tivesse determinado que se nem todas as mulheres foram espancadas ou estupradas ainda, poderão sê-lo qualquer dia desses. Está escrito em algum lugar, pensam.

Muitas vezes o tema é tratado como se fosse um problema muito distante, e não fizesse parte das preocupações das pessoas de bem: um fruto das desigualdades econômicas, algo que ocorre com as pessoas pobres, que moram longe e que vivem alcoolizadas e drogadas. Não há dúvida de que quando se vive em condições precárias, tudo se torna mais difícil. Até mesmo a violência contra as mulheres. Mas a ideia de que são os pobres ou os alcoolizados que espancam suas mulheres é relativamente falsa. Em qualquer classe social há violência contra a mulher. O fenômeno pode acontecer com qualquer mulher, com qualquer casal. Ainda está na memória de muita gente aquele crime que ocorreu no dia 20 de agosto de 2000, no município de Ibiúna, localizado no interior paulista, quando o jornalista Pimenta Neves, diretor de *O Estado de São Paulo*, matou sua ex-namorada, a jornalista Sandra Gomide, por ela não ter querido continuar o namoro com ele. Ambos eram brancos, de classe média e bem informados. Pimenta Neves não se encontrava alcoolizado nem a matou por um descuido. Planejou cuidadosamente o assassinato de Sandra. Saiu de casa com sua arma disposto a matá-la se não conseguisse o intento de tê-la de volta como namorada. Aliás, alguns dias antes, Sandra, que já fora ameaçada pelos telefonemas de Pimenta, e por ele ter invadido seu apartamento e a espancado, chegou a ir a uma delegacia denunciar essa violência e as ameaças de morte. Mas tanto Sandra como as próprias policiais não quiseram acreditar que a tragédia era iminente; ela própria pediu para retirar a queixa, e acabou assassinada. Pimenta ficou na cadeia por sete meses apenas e está em liberdade, afinal, é "um senhor de respeito, bom profissional, bom pai, pessoa de bem", como consta nos meios judiciários. A ideia de que "ou será minha ou não será de ninguém" parece um tanto "fora de moda", mas ainda está introjetada na mentalidade de parcela significativa da humanidade. Trata-se de um problema antigo, frequente, que ocorre em todas as partes, seja no hemisfério sul ou no norte, mas ao qual ninguém dá a devida importância.

"... a violência contra a mulher no âmbito doméstico tem sido documentada em todos os países e ambientes socioeconômicos, e as evidências existentes indicam que seu alcance é muito maior do que se supunha." Organização Mundial de Saúde — OMS, em 1998.

Há ainda a violência psicológica, pouco considerada pela mídia e menos ainda pelas autoridades públicas, quando tomam medidas políticas. Muitas mulheres temem fazer a denúncia, muitos serviços públicos não registram corretamente os casos de violência contra as mulheres. Mesmo assim, calcula-se que a violência contra as mulheres está presente em aproximadamente 15 milhões de lares brasileiros, o que é por demais significativo.

Ao compartilhar esse tema com o público leitor, queremos que ele entenda a importância do fenômeno, compreenda as sutilezas, as ambiguidades de suas imbricações, e acredite na transformação de relações violentas em relações de respeito. O termo "imbricações" significa "disposição que apresentam certos objetos quando se sobrepõem parcialmente uns aos outros como as telhas de um telhado ou as escamas de um peixe". E o que há de semelhante entre a violência contra mulheres e esse termo? É que a violência tem sido usada milenarmente para dominar, para fazer a mulher acreditar que seu lugar na sociedade é estar sempre submissa ao poder masculino, resignada, quieta, acomodada, como as telhas do telhado ou como as escamas dos peixes. Nós, integrantes do movimento feminista, não acreditamos que deva ser sempre assim. Já vimos muita coisa mudar. O novo Código Civil Brasileiro acaba de ser sancionado pelo Presidente da República (o que ocorreu no dia 10 de janeiro de 2002, e deve entrar em vigor em janeiro de 2003). Com o novo Código, a palavra "homem" é substituída por "pessoa" porque ambos, mulher e homem, passam a ter direitos iguais na sociedade conjugal. Amplia-se o conceito de família, passam a ser reconhecidas a união estável, a comunidade de mãe ou pai solteiros e o casamento propriamente dito. O poder familiar cabe a mulheres e homens de maneira igual. Não é mais problema legal a mulher deixar ou não de ser virgem. Tanto a mulher como o homem têm o direito de pedir pensão. A guarda dos filhos fica com o homem ou com a mulher dependendo de quem tiver melhores condições para exercê-la. Os filhos, havidos ou não no casamento ou por adoção, terão os mesmo direitos e qualificações.

É verdade que entre a lei e a vida há um fosso. E mais difícil que mudar a lei é mudar as mentalidades. Muita coisa da lei ainda precisa ser transformada e aplicada efetivamente, mas existe uma vontade e, mais do que isso, uma necessidade de mudar as relações assimétricas entre mulheres e homens. Acreditamos que tais mudanças possam nos conduzir à igualdade, liberdade e autonomia tão saudáveis para a humanidade.

Neste trabalho identificamos pontos que precisam ser trabalhados para que se desenvolva a nossa desejada transformação social, com mulheres e homens livres. Mergulhe na leitura e junte-se à nossa bandeira pela prevenção, punição e erradicação da violência contra mulheres.

O QUE É VIOLÊNCIA CONTRA A MULHER

Violência, em seu significado mais frequente, quer dizer uso da força física, psicológica ou intelectual para obrigar outra pessoa a fazer algo que não está com vontade; é constranger, é tolher a liberdade, é incomodar, é impedir a outra pessoa de manifestar seu desejo e sua vontade, sob pena de viver gravemente ameaçada ou até mesmo ser espancada, lesionada ou morta. É um meio de coagir, de submeter outrem ao seu domínio, é uma violação dos direitos essenciais do ser humano.

Assim, a violência pode ser compreendida como uma forma de restringir a liberdade de uma pessoa ou de um grupo de pessoas, reprimindo e ofendendo física ou moralmente.

Empregam-se diversos adjetivos, de acordo com os agentes que exercem a violência, diferenciando seus vários tipos: policial, institucional, social, econômica, política ou estatal, entre outros. Pode ser também adjetivada conforme a população que ela atinge. Violência étnico-racial é aquela que discrimina e que fere direitos da população de determinado tipo ou região geográfica, cor, cultura, idioma, sotaque, maneira de vestir, e assim por diante. As manifestações racistas, de um modo geral, recaem sobre a população indígena e negra, mas incidem também sobre outros povos, como os latinos, os asiáticos ou africanos. Às vezes, o predicado da violência indica em que espaço ela ocorre, como é o caso da expressão "violência escolar", aquela que ocorre no âmbito da escola.

Neste trabalho, referimo-nos à violência de gênero.

O que é gênero?

O termo gênero é bastante amplo, empregado com diferentes sentidos. Pode significar espécie, como quando falamos do gênero humano. Outras vezes, é empregado com o sentido de tipo. É o que ocorre quando usamos as seguintes expressões: "Que gênero de gente é essa?"; "Que gênero de música?". Tem a ideia de estilo ou da natureza de uma manifestação artística, quando se fala em gênero literário ou gênero dramático, entre outros tantos.

Na gramática, gênero é uma categoria que permite flexionar palavras, agrupando-as conforme os sexos (masculino, feminino ou neutro, em algumas línguas).

A sociologia, a antropologia e outras ciências humanas lançaram mão da categoria gênero para demonstrar e sistematizar as desigualdades socioculturais existentes entre mulheres e homens, que repercutem na esfera da vida pública e privada de ambos os sexos, impondo a eles papéis sociais diferenciados que foram construídos historicamente, e criaram polos de dominação e submissão. Impõe-se o poder masculino em detrimento dos direitos das mulheres, subordinando-as às necessidades pessoais e políticas dos homens, tornando-as dependentes.

Muito se tem feito para mudar essa situação, Houve êxitos importantes. Desenvolveram-se por toda parte a luta pela igualdade de direitos, o reconhecimento da situação das mulheres e as proposituras de ações afirmativas que garantem oportunidades e condições iguais. São tratados, declarações internacionais, assinados praticamente em todos os países do mundo e que representam instrumentos de desenvolvimento e progresso para a sociedade.

Mesmo com esses avanços, há desigualdades que continuam a se perpetuar: as mulheres conquistaram o direito ao voto graças ao movimento das sufragistas, no início do século XIX, mas ainda são pouco representadas nos espaços de poder político, seja no executivo, legislativo ou judiciário. Outro exemplo: elas têm garantido seu ingresso no sistema educacional, mas vivem em situação de desigualdade no trabalho, pois recebem salários mais baixos e enfrentam dificuldades maiores para galgar os postos de chefia. Enfim, a sociedade humana, na qual ainda prevalece a ideologia patriarcal (que estabelece a supremacia masculina) ainda impede o pleno desenvolvimento das mulheres, discriminando-as de diferentes maneiras.

Portanto, o termo gênero pode ser entendido como um instrumento, como uma lente de aumento que facilita a percepção das desigualdades sociais e econômicas entre mulheres e homens, que se deve à discriminação histórica contra as mulheres. Esse instrumento oferece possibilidades mais amplas de estudo sobre a mulher, percebendo-a em sua dimensão relacional com os homens e o poder. Com o uso desse instrumento, pode-se analisar o fenômeno da discriminação sexual e suas imbricações relativas à classe social, às questões étnico-raciais, intergeracionais e de orientação sexual.

O termo gênero não pode ser confundido com sexo. Este, na maioria das vezes, descreve características e diferenças biológicas, enfatiza aspectos da anatomia e fisiologia dos organismos pertencentes ao sexo masculino e feminino. As diferenças sexuais assim descritas são dadas pela natureza. Mulheres e homens pertencem a sexos diferentes.

O gênero, no entanto, aborda diferenças socioculturais existentes entre os sexos masculino e feminino, que se traduzem em desigualdades econômicas e políticas, colocando as mulheres em posição inferior à dos homens nas diferentes áreas da vida humana.

O estudo das ciências humanas, com o uso da categoria gênero, não só tem revelado a situação desigual entre mulheres e homens, como também tem mostrado que a desigualdade não é natural e pode, portanto, ser transformada em igualdade, promovendo relações democráticas entre os sexos.

O conceito de violência de gênero deve ser entendido como uma relação de poder de dominação do homem e de submissão da mulher. Ele demonstra que os papéis impostos às mulheres e aos homens, consolidados ao longo da história e reforçados pelo patriarcado e sua ideologia, induzem relações violentas entre os sexos e indica que a prática desse tipo de violência não é fruto da natureza, mas sim do processo de socialização das pessoas. Ou seja, não é a natureza a responsável pelos padrões e limites sociais que determinam comportamentos agressivos aos homens e dóceis e submissos às mulheres. Os costumes, a educação e os meios de comunicação tratam de criar e preservar estereótipos que reforçam a ideia de que o sexo masculino tem o poder de controlar os desejos, as opiniões e a liberdade de ir e vir das mulheres.

A denominação violência de gênero vem ganhando espaço mais recentemente devido aos estudos desenvolvidos, sobretudo na área acadêmica.

Em pesquisa feita pelo Conselho Nacional dos Direitos da Mulher[1], a violência de gênero é concebida como resultado "das motivações que hegemonicamente levam sujeitos a interagirem em contextos marcados por e pela violência". O trabalho ressalta ainda que

> "a prática da violência doméstica e sexual emerge nas situações em que uma ou ambas as partes envolvidas em um relacionamento não 'cumprem' os papéis e funções de gênero imaginadas como 'naturais' pelo parceiro. Não se comportam, portanto, de acordo com as expectativas e investimentos do parceiro, ou qualquer outro ator envolvido na relação".

A violência de gênero pode ser entendida como "violência contra a mulher", expressão trazida à tona pelo movimento feminista nos anos 1970, por ser esta o alvo principal da violência de gênero. Enfim, são usadas várias expressões e todas elas podem ser sinônimos de violência contra a mulher.

Vejamos. A própria expressão "violência contra a mulher" foi assim concebida por ser praticada contra pessoa do sexo feminino, apenas e simplesmente pela sua condição de mulher. Essa expressão significa a intimidação da mulher pelo homem, que desempenha o papel de seu agressor, seu dominador e seu disciplinador.

Violência doméstica é a que ocorre dentro de casa, nas relações entre as pessoas da família, entre homens e mulheres, pais/mães e

---

[1] Pesquisa Nacional sobre as Condições de Funcionamento das Delegacias Especializadas no Atendimento às Mulheres, realizada pelo Conselho Nacional dos Direitos da Mulher em parceria com a Secretaria Nacional de Segurança Pública, sistematizou informações do atendimento referentes ao ano de 1999, no território nacional, em 267 delegacias de mulheres. .

filhos, entre jovens e pessoas idosas. Podemos afirmar que, independentemente da faixa etária das pessoas que sofrem espancamentos, humilhações e ofensas nas relações descritas, as mulheres são o alvo principal.

Há os que preferem denominá-la violência intrafamiliar e, neste caso, pode ocorrer fora do espaço doméstico, como resultado de relações violentas entre membros da própria família. Existe uma crítica em relação a essa terminologia porque, mais uma vez, ela estaria escondendo a violência contra a mulher. Sabemos que a principal vítima desse tipo de violência é a população feminina. O termo apresentado inclui outros integrantes da família, como as crianças, as pessoas portadoras de deficiências ou idosas, cujos agressores se aproveitam de sua vulnerabilidade para espancá-las e humilhá-las. É importante destacar a diferença de origem dos conceitos de violência intrafamiliar e doméstica. Esta nasce com o movimento feminista, que denuncia o quanto o lar é perigoso para as mulheres, pois são as mais atingidas pela violência no espaço privado. De qualquer forma, as ideias de ambas se entrelaçam, pois a violência doméstica ocorre no espaço familiar e a violência intrafamiliar se dá com frequência no âmbito doméstico.

Mesmo assim, o alerta é válido, pois as políticas públicas voltadas para os direitos humanos das mulheres deverão conter abordagem diferente daquelas que irão atender as pessoas idosas e portadoras de deficiência, já que suas dinâmicas se dão em relações interpessoais, com ciclos e tempos diferenciados. Em muitos casos, essa violência torna-se cronificada, consolidando uma relação silenciosa.

O termo violência intrafamiliar tem sido bastante usado nos programas nacionais adotados por governos latinos ou caribenhos.

Por exemplo, na Bolívia, a lei que impulsiona as políticas públicas nessa área denomina-se "Violência na Família ou Doméstica", compreendida como "agressão física, psicológica ou sexual cometida pelo cônjuge ou convivente, pelos ascendentes e descendentes, irmãos, parentes civis ou afins em linha direta ou colateral; os tutores, curadores ou encarregados da justiça".

No Chile, há uma legislação específica sob o título "Lei de Violência Intrafamiliar" definida como "todo maltrato que afete a saúde física ou psíquica de ascendente, cônjuge, convivente, menores de idade ou incapazes, sejam descendentes, adotados, tutelados, colaterais consanguíneos até o quarto grau, inclusive dependente de qualquer dos membros do grupo familiar".

Estudos sob o título "Informes sobre a situação da violência de gênero contra as mulheres", organizados pelas Nações Unidas e realizados em 1999[2], em relação à Bolívia, revelam que, das vítimas de violência intrafamiliar, 98,4% são mulheres. Por sua vez, estatísticas policiais realizadas com base nos atendimentos policiais pelos "Carabineros" do Chile, referentes ao ano de 1997, identificaram o homem como a principal figura agressora, representando 85% dos que praticam a violência intrafamiliar.

Violência sexual é o termo empregado, sobretudo, para os casos de estupro cometidos dentro e fora de casa. São atos de força em que a pessoa agressora obriga a outra a manter relação sexual contra sua vontade. Empregam-se a manipulação, o uso da força física, ameaças, chantagem, suborno. As vítimas principais têm sido do sexo feminino, mesmo quando crianças ou adolescentes.

---

[2] Garcia, Ana Isabel, Gomáriz, Enrique, Hidalgo, Ana Lorena, Ramellini, Teresita, Barahona, Manuel — Fundación Género Y Sociedad — San Jose, Costa Rica — 2000 — E-mail: gesogom@sol.racsa.co.cr Sistemas Públicos Contra La Violência Doméstica en América Latina — Un Estudo Regional Comparado.

Abuso sexual é a expressão usada para denominar a violência sexual praticada principalmente contra crianças e adolescentes. Caracteriza-se pela imposição do desejo sexual de um adulto a uma criança ou adolescente para satisfação única e exclusiva de si próprio, usando o outro como objeto. Dados indicam que o pai biológico tem sido um dos agressores, seguidos de outros familiares do sexo masculino. A Rede de Combate ao Abuso e Exploração Sexual de Crianças e Adolescentes do Estado de Pernambuco denuncia que de 85 a 90% dos abusadores sexuais são conhecidos de suas vítimas.

Violência conjugal ocorre nas relações entre marido e mulher ou naquelas propiciadas pela união estável, forma de constituir família reconhecida pela Constituição Federal de 1988 (art. 226, parágrafo 3º) regulamentada pela lei 8.971/94.

Antes do reconhecimento constitucional da união estável, esta era chamada de concubinato, termo pejorativo que discriminava as pessoas que não eram oficialmente casadas.

A violência conjugal é também denominada violência nas relações do casal e manifesta-se tanto no espaço doméstico como fora dele. Pode ocorrer também entre os ex-cônjuges ou ex-conviventes, incluindo outras relações afetivas como noivos ou namorados.

Violência interpessoal é o termo empregado para indicar a prática da violência entre pessoas que se conhecem.

A violência patrimonial é causada pela dilapidação de bens materiais ou não de uma pessoa e provoca danos, perdas, destruição, retenção de objetos, instrumentos de trabalho, documentos pessoais, bens, valores econômicos, entre outros.

Violência sexista refere-se àquela praticada em decorrência da discriminação sexual. Esse termo foi bastante usado nas atividades da Marcha Mundial de Mulheres, movimento que congregou mulheres de mais de 150 países, em 17 de outubro de 2000, para manifestar suas lutas contra a pobreza e a violência contra a mulher.

Assédio sexual é o ato de poder exercido por uma pessoa, na maioria das vezes por um homem contra uma mulher. Geralmente tal pessoa encontra-se em posição superior no trabalho, ou em outro tipo de instituição hierarquizada (escola, igreja etc.) e, aproveitando-se dessa condição, obriga a outra a aceitar suas propostas sexuais, mediante ameaças constantes de demissão, rebaixamento salarial e outras formas de perseguição.

As práticas de violência aqui descritas encaixam-se no conceito de violência de gênero e serão abordadas nos próximos capítulos.

A violência é uma das mais graves formas de discriminação em razão de sexo/gênero. Constitui violação dos direitos humanos e das liberdades essenciais, atingindo a cidadania das mulheres, impedindo-as de tomar decisões de maneira autônoma e livre, de ir e vir, de expressar opiniões e desejos, de viver em paz em suas comunidades; direitos inalienáveis do ser humano. É uma forma de tortura que, embora não seja praticada diretamente por agentes do Estado, é reconhecida como violação dos direitos humanos desde a Conferência Mundial de Direitos Humanos realizada em Viena (Áustria) em 1993, isso porque cabe ao Estado garantir segurança pública, inclusive da população feminina. É um fenômeno que atinge mulheres de diferentes classes sociais, grupos étnicos, posições econômicas e profissionais.

A "Convenção Interamericana para Prevenir, Punir e Erradicar a Violência contra a Mulher", conhecida como a Convenção de Belém do Pará, aprovada nessa cidade, na assembleia geral da OEA — Organização dos Estados Americanos —, define a violência contra a mulher como "qualquer ação ou conduta, baseada no gênero, que cause morte, dano ou sofrimento físico, sexual ou psicológico à mulher, tanto no âmbito público como no privado". Incluem-se as violências física, sexual e psicológica. A primeira diz respeito a ação ou omissão que coloca em risco ou causa dano à integridade física de uma pessoa.

A violência psicológica refere-se a ações ou omissões que visam degradar, dominar, humilhar outra pessoa, controlando seus atos, comportamentos, crenças e decisões. Utiliza-se de intimidações e ameaças que impedem ou prejudicam o exercício da autodeterminação e desenvolvimento pessoal.

Quanto à violência sexual, já foi esclarecido o seu significado. A Convenção de Belém do Pará coloca na lei situações bastante concretas como as que ocorrem

> "dentro da família ou unidade doméstica ou em qualquer outra relação interpessoal, em que o agressor conviva ou tenha convivido no mesmo domicílio que a mulher e que compreende, entre outros, estupro, violação, maus-tratos e abuso sexual; que tenha ocorrido na comunidade e seja perpetrada por qualquer pessoa e que compreende, entre outros, violação, abuso sexual, tortura, maus-tratos de pessoas, tráfico de mulheres, prostituição forçada, sequestro e assédio sexual no lugar de trabalho, bem como em instituições educacionais, estabelecimentos de saúde ou qualquer outro lugar, e que seja perpetrada ou tolerada pelo Estado ou seus agentes, onde quer que ocorra".

Importante destacar que a prática da violência de gênero é transmitida de geração a geração tanto por homens como por mulheres. Basicamente, tem sido o primeiro tipo de violência em que o ser humano é colocado em contato de maneira direta. A partir daí, as pessoas aprendem outras práticas violentas. E ela torna-se de tal forma arraigada no âmbito das relações humanas que é vista como se fosse natural, como se fizesse parte da natureza humana. A sociedade legitima tais condutas violentas e, ainda nos dias de hoje, é comum ouvir que as "mulheres gostam de apanhar". Isso dificulta a denúncia e a implantação de processos preventivos que poderão desarraigar por fim a prática da violência de gênero. A erradicação da violência social e política passa necessariamente pelo fim da violência de gênero, que, sem dúvida, dá origem aos demais tipos de violência.

É comum que a violência de gênero se manifeste por meio de agressões físicas, sexuais, psicológicas e patrimoniais, e, aliás, essas manifestações podem ocorrer simultaneamente.

A violência de gênero ocorre entre homens e mulheres que se amam ou se amaram, se relacionam ou se relacionaram na intimidade. O agressor conhece bem os hábitos, os sentimentos e maneiras de agir e reagir de sua vítima, o que a torna mais vulnerável aos seus ataques.

A violência de gênero ou contra a mulher está de tal forma arraigada na cultura humana que se dá de forma cíclica, como um processo regular com fases bem definidas: tensão relacional, violência aberta, arrependimento e lua de mel. Os espaços de convívio sem violência vão se tornando cada vez mais restritos, insuportáveis, o que pode levar a um desfecho trágico e fatal.

De um modo geral, a violência de gênero é praticada pelo homem para dominar a mulher, e não eliminá-la fisicamente. A intenção masculina é possuí-la, é tê-la como sua propriedade, determinar o que ela deve desejar, pensar, vestir. Ele quer tê-la sob seu controle e ela deve desejar somente a ele próprio.

Os resultados dessa prática aparecem nas estatísticas das delegacias de polícia de atendimento às mulheres. Pesquisa feita de março a setembro de 2001 pela Secretaria Nacional de Direitos Humanos e pelo Conselho Nacional dos Direitos da Mulher aponta que houve 469.800 notificações policiais de violência contra as mulheres no ano de 1999 nas 267 delegacias do país que responderam ao formulário (na realidade são 307 delegacias policiais de mulheres). Não se tem um número de mulheres assassinadas por motivo de violência de gênero. O registro policial, no caso de assassinatos de mulheres, é omisso e não permite que se faça uma estatística sobre o tema. No entanto, podemos afirmar com certeza que o número de mulheres assassinadas é muitíssimo menor que o de mulheres espancadas (113.727 ocorrências policiais), ou que são ameaçadas de morte (107.999).

Em relação aos números apresentados pelas delegacias, gostaríamos, no entanto, de frisar desde já que não significam a totalidade da violência existente na nossa sociedade. Há ainda muitas mulheres que não denunciam a situação de violência em que vivem, ou que o fazem nas delegacias comuns. (Os números apresentados referem-se apenas às delegacias femininas especializadas). Existem delegacias de mulheres em menos de 10% dos municípios brasileiros.

A violência doméstica é reconhecida pela nossa Constituição, que diz, em seu parágrafo 8º, art. 226: "O Estado assegurará a assistência à família na pessoa de cada um dos que a integram, criando mecanismos para coibir a violência no âmbito de suas relações".

O movimento feminista deu visibilidade à violência contra a mulher e, ao fazê-lo, trouxe à tona a violência doméstica e sexual contra crianças e adolescentes. Essa violência pode ocorrer com contato físico, como estupro, atentado violento ao pudor, atos libidinosos, sedução e outras formas de exploração sexual (prostituição, pornoturismo, tráfico), ou sem contato físico, como assédio e exibicionismo (pornografia).

A mutilação genital feminina deve ser entendida como uma manifestação da violência de gênero. É uma prática, considerada cultural, que amputa o clitóris, ou costura os grandes lábios de mulheres, crianças e adolescentes, para evitar que elas tenham desejo e sintam prazer sexual, além de assegurar que permaneçam virgens até o casamento. Dessa forma, garante-se que somente no casamento a costura será desfeita, o que provoca dores terríveis nas mulheres. Calcula-se que são feitos cerca de dois milhões desse tipo de mutilação por ano.

Usa-se, em alguns casos, a introdução de anel ou colchete nos órgãos genitais femininos para dificultar ou tornar impossível a relação sexual. A esse método dá-se o nome de infibulação ou fibulação.

A violência étnico-racial reforça e potencializa a violência de gênero, e vice-versa.

Gostaríamos de abordar ainda outro tipo de violência, bastante presente, mas ainda pouco denunciada. Trata-se do assédio moral, um meio frequente de constranger pessoas subalternas no espaço profissional, forçando-as a pedir demissão. São comportamentos abusivos por meio de gestos, palavras, atitudes, que ameaçam a integridade física ou psíquica da pessoa, degradando o ambiente de trabalho. Esse termo foi divulgado pela primeira vez pela psiquiatra e psicanalista francesa Marie-France Hirigoyen. A OIT — Organização Internacional do Trabalho — aponta que 8% dos trabalhadores da União Europeia (12 milhões de pessoas) sofrem o assédio moral.

No Brasil, a médica e pesquisadora da PUC-SP (Pontifícia Universidade Católica de São Paulo) Margarida Barreto vem realizando estudos sobre o tema que levam à conclusão de que são as mulheres as maiores vítimas do assédio moral. Segundo ela, 65% dos casos são de pessoas do sexo feminino contra 29% de homens. Não há uma legislação específica que vise apurar e punir o assédio moral, mas é possível processar a chefia, que tem por obrigação tratar com respeito e cordialidade seus subordinados.

DISCRIMINAÇÃO E PRECONCEITO

Discriminação é o ato de distinguir ou restringir que tem como efeito a anulação ou limitação do reconhecimento de direitos fundamentais no campo político, econômico, social, ou em qualquer outro domínio da vida.

Discriminar é uma ação deliberada para excluir segmentos sociais do exercício de direitos humanos. É segregar, pôr à margem, pôr de lado, isolar. Pode ser entendido também como desconsideração e desrespeito.

A violência de gênero tem sua origem na discriminação histórica contra as mulheres, ou seja, num longo processo de construção e consolidação de medidas e ações explícitas e implícitas que visam a submissão da população feminina, que tem ocorrido durante o desenvolvimento da sociedade humana. A discriminação não deixa de ser um aspecto fundamental da violência. Significa o processo que sustenta e justifica os atos violentos. Ela foi se desenvolvendo com avanços e recuos de maneira a se tornar algo como que pertencente e vinculado intrinsecamente à natureza humana.

Por meio da força bruta, inicialmente, forjou-se o controle masculino sobre as mulheres. Gradativamente foram introduzidos novos métodos e novas formas de dominação masculina: as leis, a cultura, a religião, a filosofia, a ciência, a política.

Ao serem tratadas como propriedade dos homens, as mulheres perderam, em diferentes níveis, a autonomia, a liberdade e o mais básico direito de controle sobre seu próprio corpo.

São inúmeros os exemplos da prática de atos de submissão e hostilidade sexuais que, frequentemente, foram levados aos extremos: venda e troca de mulheres, como se fossem mercadorias, mulheres escravizadas, violadas, vendidas à prostituição, assassinadas por ocasião de morte de seus senhores ou maridos, ou ainda a mutilação genital feminina (amputação do clitóris), cuja prática já deixou aleijadas 114 milhões de mulheres em todo o mundo (Organização Mundial de Saúde, 1995).

A mulher foi obrigada a restringir sua vida às necessidades exclusivas da família. Rousseau, um dos ideólogos da Revolução Francesa (1789), considera a família a mais antiga forma de organização social, onde a ordem é dada pela própria natureza: "idosos naturalmente têm precedência sobre os jovens e homens têm naturalmente autoridade sobre as mulheres"[1]. A própria palavra família — cuja origem está no latim, *famulus*, significa conjunto de escravos domésticos, considerando-se como parte desse todo mulher, filhos

---

[1] Almeida, Suely Souza. Femicídio: *algemas (in)visíveis do público-privado*. Rio de Janeiro: Livraria e Editora Revinter, 1998.

e agregados — é uma demonstração de como foi se forjando um processo histórico de discriminação contra as mulheres.

O *pater famílias*, instituto jurídico estabelecido em Roma, expressava o poder indiscutível de vida e morte do homem sobre todos os membros da família, da qual ele era a única pessoa plena de direitos, de acordo com a lei. Essa ideia prevaleceu rigorosamente por alguns séculos. No Brasil, até recentemente — ou melhor, até o dia 10 de janeiro de 2002, quando o novo Código Civil Brasileiro foi sancionado e publicado — ainda estava escrito que o homem era o chefe da sociedade conjugal (Código Civil brasileiro, art. 233, capítulo II: "O marido é o chefe da sociedade conjugal, função que exerce com a colaboração da mulher, no interesse comum do casal e dos filhos.").

Na Grécia, o legislador Sólon de Atenas, em 594 a.C., instituiu a proibição para as mulheres de sair de casa à noite, confinando-as em casa também durante o dia.

No Egito, as mulheres eram obrigadas a executar trabalhos forçados como o de construir, juntamente com os escravos, pirâmides.

Constata-se que as mulheres foram perseguidas e maltratadas pelo fato de serem mulheres, diferentemente do que ocorreu com os homens, que também foram reprimidos e subordinados, mas por razões externas e não simplesmente porque eram homens. Os jovens, enquanto jovens, eram reprimidos, mas ao se transformarem em velhos, adquiriam *status* e passavam a ocupar postos importantes. O mesmo ocorria quando os filhos se transformavam em pais. Por sua vez, os criados podiam se transformar em chefes dos criados e até mesmo os escravos podiam se libertar, deixando de ser escravos. O mesmo não sucedia com as mulheres, que se perpetuavam como seres subordinados.

Tais diretrizes nortearam o pensamento e o comportamento da sociedade humana, justificando historicamente a discriminação e a violência contra a mulher.

A garantia da supremacia masculina dependia única e exclusivamente da inferioridade feminina. Daí a exigência de ataques acirrados à condição feminina, impondo forçosamente ideias acerca da incapacidade e incompetência das mulheres. Foram feitos esforços, em todos os níveis, para erradicar quaisquer vestígios da capacidade física, emocional e intelectual do segmento feminino, mesmo que para isso tivessem de empregar o uso da violência e da farsa. Não foi um processo pacífico; muitas e muitas mulheres resistiram, repudiaram e se rebelaram à submissão e à subordinação aos homens. O patriarcado investiu de maneira contundente e ambígua, obrigando homens e mulheres a acreditarem na inferioridade feminina. O pensamento de Santo Ambrósio revela como se impôs o procedimento: "Adão foi levado ao pecado por Eva, e não Eva por Adão. É justo e certo, então, que a mulher aceite como amo e senhor aquele que ela encaminhou para o pecado".

As mulheres foram transformadas no maior grupo discriminado da história da humanidade, sem, contudo, serem excluídas inteiramente das atividades masculinas. Criou-se assim uma intensa integração entre opressores e oprimidas, que fez com que estas usassem a mesma cama, a mesma casa, a mesma alimentação e tudo mais que também fosse usado pelos opressores. Dar a necessidade de obrigar as mulheres a aceitarem sua própria degradação. Esse quadro histórico de discriminação e de violência de gênero que integra, ainda hoje, a sociedade humana em seu cotidiano, é que nos obriga a repudiar a perpetuação de relações pessoais tão cheias de agressividade e riscos, que perpassam gerações e trazem no seu bojo uma gama de preconceitos que induzem as pessoas a acreditar que tal fenômeno é natural. Insiste-se em tornar obrigatória a crença de que as mulheres são volúveis, emocionais, fúteis, inseguras e dependentes. Fizeram-nos crer que as mulheres eram seres perigosos e que todas as partes do seu corpo podiam provocar a desgraça. No ano 600 d.C., era permitido ao homem pedir o divórcio se sua mulher andasse com o cabelo descoberto, o que ainda hoje acontece em algumas religiões. São Paulo disse aos cristãos que se uma mulher entrasse com a cabeça descoberta na igreja deveria ter sua cabeça raspada.

Os preconceitos contra as mulheres, ao longo desse processo histórico, vêm reforçando a ideia e a imagem da submissão feminina. Os teólogos cristãos hostilizaram as mulheres, afirmaram que elas eram "a porta do demônio". Lamenais (1782-1854) caracterizava-as como "a estátua viva da burrice". Nitetzche (Friedrich, 1844-1900) e Voltaire (François-Marie Arouet, 1694-1778), que se opuseram ao cristianismo, também insultavam as mulheres, com afirmações pseudocientíficas de que elas eram inferiores. Voltaire tentou mostrar a veracidade de sua proposição, dizendo que "o sangue delas é mais aquoso", como prova de sua inferioridade.

Diderot (1713-1784) chamou a atenção para o cuidado que se deve tomar em relação às mulheres, pois têm aparência de "civilizadas", mas na realidade são "interiormente verdadeiros selvagens".

Os gregos permitiram a prática da homossexualidade e da prostituição, mas a mãe de família, ou seja, a esposa, era proibida de frequentar locais públicos.

A caça às bruxas levou em dois séculos pelo menos 30 mil mulheres às fogueiras em diversos países europeus, acusadas de terem pactuado com o demônio.

O Direito, a ciência do "dever ser", ou seja, a ciência que se propõe a normatizar as relações interpessoais, também tem considerado a mulher um ser incapaz. Por exemplo, a prática do adultério pelas mulheres, entre os romanos, era motivo para condená-las à morte.

No Brasil, até 1830, os homens podiam matar as mulheres adúlteras. Naquela época, havia um dispositivo legal que permitia aos maridos "emendar a mulher das más manhas pelo uso de chibatas".

As legislações medievais não permitiam que o homem aceitasse viver com uma mulher que havia praticado o adultério. Ele era execrado e lhe era colocado um par de chifres.

Em Portugal, o casal era punido e mandado cumprir degredo: um deles ia para o Brasil e o outro para Angola.

Na Roma antiga, apenas o homem tinha o direito ao divórcio, cabendo a ele tomar a iniciativa de solicitá-lo à autoridade judicial. A mulher, ao ser dado o divórcio ao homem, perdia o direito à guarda dos filhos, ao patrimônio do casal e ao *status* social.

No Japão, à época de Meiji, o divórcio consistia simplesmente em atirar na rua as sapatilhas da mulher. Os vizinhos eram chamados para testemunhar esse ato de exclusiva soberania social do homem. A mulher repudiada, via de regra, praticava o haraquiri, ou seja, abria o próprio ventre e morria chamando pelo nome do marido.

Há documentos anteriores à era cristã que mostram a prática da violência contra a mulher, como o Código de Hamurabi (Babilônia), feito entre 1750 e 1700 a.C. O artigo 141 desse Código dizia que a mulher repudiada pelo marido devia se tornar escrava da segunda esposa. Devia ser usada como garantia de dívida de valor, contraída pelo homem. Podia-se quitar um débito oferecendo-se a esposa em "servidão temporária", por tempo determinado entre credor e devedor. Ou seja, a mulher era considerada uma espécie de mercadoria.

A partir de 1789, com a vitória triunfante da revolução francesa, foi promulgada a Declaração dos Direitos do Homem e do Cidadão, sob a égide dos princípios da liberdade, da igualdade e da fraternidade, inaugurando assim um novo ideal de convivência humana. Entretanto, tal documento não garantia a igualdade de direitos para as mulheres nem para outros setores da sociedade, como os escravos. As francesas reagiram e passaram a exigir direitos. Olympe de Gouges manifestou-se em defesa de uma declaração dos direitos da cidadã. Conclamou suas correligionárias afirmando que

> "A lei deve ser a expressão da vontade geral; todas as cidadãs e cidadãos devem participar pessoalmente, ou por meio de seus representantes, de sua criação; ela deve ser a mesma para todos; todas as cidadãs e todos os cidadãos, sendo iguais a seus olhos, devem ter igual acesso a todas as dignidades, lugares e empregos públicos, segundo suas capacidades, e sem outra distinção além de suas virtudes e talentos".

Por defender tais ideias, foi condenada à morte, sendo guilhotinada em 3 de novembro de 1793, por "esquecer as virtudes de seu sexo e se imiscuir nos assuntos da república".

Somente em 1993, na Conferência Mundial de Direitos Humanos, promovida pelas Nações Unidas, em Viena, a violação dos direitos das mulheres, mesmo que ocorra no âmbito privado, foi reconhecida como violação dos direitos humanos, pois cabe ao estado garantir segurança e proteção à vida das mulheres.

Até então, fazia-se referência à política de direitos humanos nos casos de violação de direitos civis e políticos praticada pelos agentes do Estado, mas não havia por parte da política de direitos humanos qualquer iniciativa de apoio e solidariedade às mulheres espancadas ou assassinadas por seus maridos, companheiros ou namorados. Tampouco àquelas que sofreram mutilações por abortos clandestinos ou ainda àquelas que foram estupradas ou abusadas sexualmente, muitas vezes por seus próprios pais.

Essa realidade torna-se cada vez mais conhecida pelas autoridades e pela opinião pública graças às denúncias frequentes feitas pelos movimentos feministas no mundo inteiro a partir de 1970.

Mesmo antes da Conferência Mundial de Direitos Humanos, as Nações Unidas, em 1979, a provaram a Convenção sobre a Eliminação de Todas as Formas de Discriminação contra as Mulheres, ratificada pelo Brasil, em 1984, com algumas reservas. Essa convenção obriga os Estados que a assinaram a erradicar a discriminação e garantir a igualdade de direitos entre mulheres e homens.

De acordo com esse documento, discriminação contra a mulher significa:

> "toda distinção, exclusão ou restrição baseada no sexo e que tenha por objetivo ou resultado prejudicar ou anular o reconhecimento, gozo, exercício pela mulher, independentemente de seu estado civil, com base na igualdade do homem e da mulher, dos direitos humanos e das liberdades fundamentais nos campos político, econômico, social, cultural e civil ou em qualquer outro campo" (art.1º).

Ainda falando de discriminação, temos de considerar que o termo pode adquirir sentido completamente inverso ao que temos tratado até o momento, quando lhe acrescentamos a expressão positiva. Discriminação positiva, são assim chamadas as medidas especiais tomadas, em caráter temporário, com o objetivo de assegurar o progresso de grupos ou segmentos sociais, buscando acelerar o processo de igualdade. Tais medidas devem cessar a partir do momento em que são alcançados seus objetivos. São conhecidas também como ações afirmativas. Eis alguns exemplos: a delegacia policial de defesa da mulher, o Conselho Nacional dos Direitos da Mulher. Enfim, são medidas compensatórias para remediar as situações historicamente desvantajosas em que ainda se encontram as mulheres. Dentre essas medidas deverão estar as políticas públicas voltadas para prevenir e erradicar a violência de gênero.

Tais iniciativas urgem porque tem sido dramático o quadro da violência contra a mulher. Pesquisa do Conselho Nacional de Direitos da Mulher aponta: das denúncias feitas nas delegacias especializadas, apenas 10,5% chegaram a se constituir em inquéritos (Folha de São Paulo, 31/12/2001). Um dos delegados que participaram da pesquisa declarou que:

> "... As mulheres ressentem-se muito em registrar (a queixa) quando o agressor é o marido. Por amor aos filhos, preferem aguentar caladas a situação, pois foram educadas para obedecer ao marido. Chama-nos a atenção o fato de esse tipo de mulher aceitar apanhar do marido, mas não aceitar sequer discutir com o vizinho".

ASSÉDIO SEXUAL

O assédio sexual foi reconhecido como crime pela legislação brasileira a partir da promulgação da lei nº 10.224 de 15 de maio de 2001, de autoria da deputada federal Iara Bernardi, que acrescentou ao Código Penal Brasileiro o artigo 216-A, estabelecendo a detenção de pessoa que constranger alguém para obter vantagem ou favor sexual, aproveitando-se de sua condição de superior hierárquico ou ascendência.

Na justificativa da referida lei há dados sobre a frequência desse crime, indicando que 52% das mulheres brasileiras já sofreram assédio sexual no trabalho. Embora possa ser praticado por pessoas de ambos os sexos, 99% das vítimas são mulheres.

Desde a década de 1970, esse crime tem sido denunciado por trabalhadoras de diferentes categorias profissionais e pelo movimento feminista em suas diversas manifestações.

O termo assédio quer dizer "perseguição com insistência", o que reafirma seu caráter constrangedor tanto física como moralmente. No início, os movimentos referiam-se às "cantadas" do chefe e do patrão. Na realidade, essa expressão, usada naquela época pelas trabalhadoras, permitia o escamoteamento da situação. Tentava-se dessa forma amenizar o conflito, escondendo o caráter agressivo e molestador do assédio. A expressão "cantada" significa "tentar seduzir ou seduzir alguém valendo-se de palavras hábeis", o que de certa forma abranda as situações de constrangimento em que ocorre o assédio, quando o poder de uma pessoa sobre a outra está sempre presente e sendo imposto por meio de chantagem e ameaças.

Portanto, não se deve confundir assédio sexual com cantada ou paquera. Enquanto essas formas de galanteio, flerte ou demonstração de interesse em se aproximar por motivo de atração sexual não chegam a constranger, humilhar e ofender as pessoas cantadas ou paqueradas, no assédio sexual, ao contrário, ocorre o constrangimento. É quando alguém que ocupa posição hierárquica superior utiliza-se de seu poder para obter favores sexuais contra a vontade de sua vítima. Compreende formas de abordagem indesejada por meio de chantagem sexual, o que provoca desconforto e mal-estar. São gestos, comentários, afixação de material pornográfico, atitudes inconvenientes, como a de insistir para que a pessoa saia para um jantar, o motel ou até mesmo aceite um cheque como presente. Pode ocorrer em diferentes espaços, mas a lei brasileira destaca as situações de "emprego ou no exercício de cargo ou função".

Enfim, o assédio sexual é um ato de poder em que uma pessoa que ocupa posição superior no trabalho, na escola ou em outras instituições aproveita-se dessa condição para insinuar ou fazer proposta sexual sob ameaças de perda do emprego ou do espaço ocupado, de não ter promoção, de ser humilhada ou intimidada.

A Organização Internacional do Trabalho — OIT — estabelece as seguintes características para definir o assédio sexual:
- ser claramente uma condição para obter ou manter emprego;
- influir nas promoções e/ou na carreira profissional;
- prejudicar o rendimento profissional;
- humilhar, insultar ou intimidar.

Enquanto no namoro existe a reciprocidade de sentimentos e desejos, no assédio sexual não há permuta entre as pessoas. Uma quer impor sua vontade e para isso intimida a outra, que se sente acuada e atemorizada. São muitos, então, os prejuízos. Pode ocorrer a perda do emprego ou a ausência no trabalho, a falta de motivação e a redução de produtividade, o *stress emocional*, a insegurança e a baixa autoestima.

O assédio sexual, via de regra, é difícil de ser provado, visto que as pessoas assediadas temem sofrer represálias por fazer a denúncia, e as que assediam o fazem às escondidas, evitando as testemunhas.

Segundo a médica do trabalho Dra. Margarida Barreto, o assédio sexual pode causar danos à saúde mental de suas vítimas "gerando medo, tensão, irritabilidade, crises de choro, insônia e distúrbios emocionais variados".

Muitas vezes, os próprios colegas podem responsabilizar a vítima pelo assédio que sofreu, evitando lhe dar apoio. Há até os que acreditam que só é assediada sexualmente quem assim deseja. Existe uma mentalidade que considera "normais" as atitudes sexistas que depreciam as mulheres, como as piadinhas machistas que são consideradas apenas "brincadeiras".

Há ainda a dificuldade da sociedade em reconhecer o assédio como uma forma de discriminação e violência principalmente contra as mulheres. Existe uma resistência, mesmo que velada, em aceitar a ideia de que a prática do assédio sexual permite a perpetuação de relações de poder historicamente desiguais entre mulheres e homens.

O Comitê das Nações Unidas que acompanha e avalia o cumprimento da Convenção sobre a Eliminação de todas as Formas de Discriminação contra a Mulher alerta que "o assédio sexual afeta seriamente o direito à igualdade no emprego".

A Convenção de Belém do Pará em seu artigo 2º, alínea b determina que a violência contra a mulher inclui o assédio sexual no local de trabalho.

A OIT chama a atenção para os prejuízos que o assédio sexual pode causar às empresas com a diminuição da produtividade devido ao aumento de faltas no trabalho, ou sua interrupção devido a licenças médicas; além de afetar a imagem pública da empresa e até diminuir seus lucros devido à possibilidade de ações judiciais, o que acarreta também custos legais.

A Plataforma de Ação de Beijing, documento aprovado na 4ª Conferência Mundial sobre a Mulher, ocorrida em 1995 naquela cidade chinesa, afirma que "o medo da violência, incluindo o assédio, é um constrangimento permanente para a mobilidade da mulher, que limita o seu acesso à atividades e aos recursos básicos".

A União Europeia recomenda aos seus países-membros a inclusão de cláusula alusiva ao assédio sexual nas convenções coletivas de trabalho. Orienta as pessoas assediadas a reunir provas, como bilhetes e presentes, arrolar colegas como testemunhas e comunicar-se com o departamento de recursos humanos e o sindicato da categoria.

Tem sido recomendada a realização de campanhas educativas para prevenir e reduzir o assédio sexual nas empresas.

Não podíamos deixar de tratar aqui, mesmo que rapidamente, do assédio moral. Bastante antigo, só recentemente ganhou força de denúncia e tem sido tema de debates. (ver capítulo I)

ESTUPRO IV

Estupro significa ato de constranger alguém a ter relações sexuais, sem desejo e sem consentimento, mediante o uso da violência física, psicológica ou de graves ameaças, podendo ocorrer tanto na esfera privada como nos espaços públicos, e ser praticado por pessoa conhecida ou não da vítima.

Ocorre dentro de um contexto violento e não de paixão ou com o objetivo de encontrar satisfação sexual. O que domina no ato de estupro é a força e o ódio. O agressor usa da sexualidade para manifestar sentimentos de poder e de vingança. Na realidade, não passa de um ato pseudo-sexual, uma conduta sexual baseada na agressão, na violência e no amplo domínio da vítima. A pretexto de fazer sexo, a pessoa agressora na verdade busca satisfazer "necessidades não sexuais", que são o controle sobre o corpo e a mente da vítima[1]. Empregamos as palavras "alguém" e "pessoa" significando respectivamente vítima e praticante do estupro para conceituar de maneira ampla o termo que vem sendo construído por feministas e profissionais do Direito que já integram a categoria gênero em seus estudos. Do ponto de vista social, podemos afirmar que o estupro pode ocorrer com mulheres, meninas, meninos e homens, embora seja bastante reconhecido que tal crime é cometido principalmente contra mulheres, sejam crianças ou adultas. No dicionário Aurélio, estupro quer dizer "crime que consiste em constranger mulher, de qualquer idade ou condição, à conjunção carnal, por meio de violência..." Mesmo sendo um crime que atinge em cheio pessoas do sexo feminino, deve-se colocá-lo de maneira mais abrangente, incluindo aí todas as consequências nefastas que decorrem de sua prática. Do ponto de vista jurídico, a legislação brasileira restringe o crime de estupro quando praticado contra a mulher. É considerado hediondo e está assim definido: "Constranger mulher à conjunção carnal, mediante violência ou grave ameaça" (art. 213 do Código Penal Brasileiro).

A sociedade repudia o estupro e ao mesmo tempo o legitima, caracterizando-o fora do contexto das relações desiguais e injustas entre homens e mulheres, tolhendo o desenvolvimento de campanhas educativas que promovam de fato o *status* cultural, político e de autonomia da população feminina, o que exige a consideração dos fatores de gênero, raça/etnia, classe social.

A sociedade põe a culpa nas próprias vítimas e prefere apelar para a "pena de morte" – que nada mais é do que a perpetuação

---

[1] Andrade, Vera Regina Pereira de. *Violência Sexual e Sistema Penal: Proteção ou Duplicação da Vitimação Feminina?* páginas 87 a 114, da Sequencia 33, apresentado na Universidade Federal de Santa Catarina, em abril de 1996.

do uso da violência – a incorporar mudanças eficazes nas relações interpessoais e afetivas que resgatem a dignidade, a autoestima, a liberdade e o respeito mútuo. Tanto, que se reconhece com mais facilidade o estupro cometido por desconhecidos do que aquele praticado pelo próprio marido da vítima. A legislação brasileira não prevê o direito de a mulher se recusar a ter relações sexuais com o marido, diferente da lei porto-riquenha que estabelece como crime a agressão sexual que obriga a mulher ou companheira a praticar relações sexuais contra sua vontade e sem seu consentimento, mediante o uso de força física, intimidação ou ameaça de lhe causar grave e imediato dano corporal[2].

Tal legislação é uma iniciativa de vanguarda, pois cria instrumento para romper com a ideia milenar de que a mulher é propriedade do marido e que pode ser usada como um objeto sexual.

A legislação brasileira faz distinção entre estupro e atentado violento ao pudor. Este significa "constranger alguém, mediante violência ou grave ameaça, a praticar ou permitir que com ele se pratique ato libidinoso diverso da conjunção carnal" (art.14 do Código Penal Brasileiro). Nesse caso, ambos os sexos poderiam ser vítimas ou agentes agressores.

O estupro não deixa de ser uma forma de agressão sexual que deprecia a condição humana, destrói a personalidade da vítima, ultraja um dos direitos humanos mais elementares, que é a integridade pessoal e o controle sobre o seu próprio corpo. Sendo assim, deve ser caracterizado pela penetração do pênis, de dedos ou de qualquer outro objeto em qualquer parte do corpo, tais como vagina, ânus, boca, cometida contra qualquer pessoa.

---

[2] Lei nº 54. *Para prevenção e intervenção contra a violência doméstica*, 15/08/1989, Porto Rico.

O Ministério da Saúde brasileiro editou manual em 1999 com normas técnicas de prevenção e tratamento dos agravos resultantes da violência sexual contra mulheres e adolescentes. O documento alerta para sequelas físicas e psicológicas produzidas pela violência sexual e informa que "a maioria dos serviços de saúde não está preparada para diagnosticar e tratar da violência sexual". A par disso, orienta esses serviços para que realizem o atendimento às vítimas de estupro "com presteza e rapidez", de maneira a impedir maiores danos à saúde física e mental das mulheres. Estabelece normas para garantir a interrupção da gravidez resultante do estupro, além de exames laboratoriais para prevenir e tratar doenças sexualmente transmissíveis, inclusive a Aids. Recomenda ainda o registro de dados a respeito do estupro e demais formas de violência sexual, o que pode contribuir, sem nenhuma dúvida, para diagnósticos e ações eficazes de erradicação da violência contra a mulher. Importante orientação do referido manual é a não obrigatoriedade de a vítima fazer a queixa à polícia, o que é exigido somente em caso da realização de aborto. Nesse caso ocorre o chamado aborto legal, por se tratar de uma das duas situações previstas pela lei brasileira que permitem a interrupção da gravidez: caso de estupro e de risco da vida materna (art. 128 do CPB).

Traz instruções aos profissionais de saúde sobre os procedimentos para a coleta e a conservação de material que poderá identificar o agressor por meio de exame de DNA (ácido desoxirribonucléico, molécula que contém a informação genética).

O estupro é um dos crimes pouco denunciados. Segundo estudos, menos de 10% chegam a ser apresentados. É ainda comum nos distritos policiais e órgãos do judiciário as vítimas de estupro serem ridicularizadas, humilhadas e colocadas sob suspeição.

As dificuldades são maiores quando a vítima do estupro é uma criança ou adolescente e o agressor é pessoa conhecida ou mesmo parente. A criança é forçada a não falar sobre o assunto sob pena de ser culpada pelos atos do adulto. Outra dificuldade para se fazer a denúncia é a ausência de políticas sociais de proteção e amparo às vítimas. Praticamente não existe em órgãos estatais a assistência jurídica gratuita. Por exemplo, em São Paulo, a Procuradoria de Assistência Judiciária não oferece esse recurso sob a alegação de que a vítima não precisa de advogado, o que não é verdade. A vítima precisa de orientação e assistência jurídica de modo a recompor sua cidadania e segurança, recuperando direitos perdidos. Há ainda preconceitos que influenciam nas decisões dos tribunais: um juiz italiano não reconheceu o estupro porque a mulher usava calça *jeans* no momento do crime. Segundo ele, um homem não conseguiria arrancar uma vestimenta como aquela para a pratica do ato da "conjunção carnal". Se foi ela quem tirou a calça, mesmo que sob a mira de uma arma ou a custa de intimidações e ameaças, o crime sexual praticado contra ela não deveria ser considerado estupro, segundo o magistrado. A vítima de estupro, muitas vezes, passa por constrangimento e humilhação quando denuncia e submete-se aos inquéritos policiais e judiciais, o que desestimula as mulheres a fazerem a denúncia, e contribui para a manutenção de um tabu diante do crime e, o que é pior, a sua perpetuação.

LESÕES CORPORAIS, AMEAÇAS E ASSASSINATOS

O crime contra a mulher que apresenta o maior volume de denúncias é o de *lesão corporal*, definido legalmente como "ofender a integridade corporal ou a saúde de outrem" (CPB, art. 129). A lesão corporal, conforme sua gravidade, pode ser enquadrada na lei 9.099/95 (quando considerada de natureza leve), o que foi tratado, neste trabalho, em capítulo específico.

A lesão corporal é considerada grave quando resulta em

> "incapacidade para as ocupações habituais por mais de 30 dias, quando ocorre perigo de vida, debilidade permanente de membro, sentido ou função, aceleração do parto, incapacidade permanente para o trabalho, enfermidade incurável, perda ou inutilização de membro, sentido ou função, deformidade permanente, aborto" (CPB, art.129).

Observe-se que só é considerada "grave" a lesão que tira a mulher dos seus afazeres habituais por mais de 30 dias. Um espancamento com sérias consequências, a ponto de afastar a mulher de suas ocupações habituais por 20 dias, por exemplo, é considerado lesão corporal leve e enquadra-se nos chamados crimes de menor potencial ofensivo, o que de fato é um absurdo.

Lesão corporal dolosa é aquela que foi ocasionada intencionalmente pelo agressor.

Estudo das professoras Heleieth Saffiotti e Suely Souza Almeida, que analisa os boletins de ocorrência policial feitos a partir de 1994 nas delegacias da mulher de 22 capitais, aponta que 81,5% dessas ocorrências correspondem aos casos de lesão corporal dolosas. Foram registradas 113.727 ocorrências policiais referentes à lesão corporal, no ano de 1999, em delegacias da mulher.

Indica a violência denunciada em que vivem as mulheres, dados esses aquém do que ocorre de fato. O repórter da *Folha de São Paulo* Plínio Fraga compara esse número de denúncias com o que ocorre com as mulheres do Afeganistão – país em guerra e alvo dos ataques militares dos Estados Unidos. Lá, 136 mil mulheres pediram asilo político às Nações Unidas, ao se sentirem ameaçadas de execução, pelo fato de trabalhar ou simplesmente caminhar nas ruas[1]. Em que pesem as diferenças sociais e políticas dos dois países, Brasil e Afeganistão, a comparação tem o mérito de mostrar quanta violência é cometida contra a mulher. Estando ou não em guerra, metade da população mundial vive na iminência de sofrer algum tipo de violência por ser mulher.

As denúncias têm sido frequentes no Brasil desde a criação da primeira delegacia de defesa da mulher em 1985. A violência de gênero

---

[1] *Folha de São Paulo*, 31/12/2001.

ganhou visibilidade na mídia, mas é banalizada, considerada algo trivial e sem grandes consequências, mantendo a impunidade. As autoridades que recebem as queixas registram a ocorrência, mas as providências que podem assegurar proteção à vítima são tomadas com morosidade e se arrastam nos caminhos burocráticos sem iniciar, de imediato, as investigações e sem que se concretizem encaminhamentos adequados. A ausência de medidas e ações políticas que deem retaguarda às vítimas deixa a mulher desorientada, sem saber se deve ou não prosseguir a denúncia. Acrescentam-se outros fatores de ordem emocional e afetiva, social e econômica. O crime de lesão corporal passa a compor suas relações com o companheiro/ marido/namorado, incorporando-se assim à rotina do casal, cronificando a violência. É frequente a lesão corporal e os crimes de ameaça ocorrerem ao mesmo tempo contra a mesma pessoa.

A lei penal diz que é crime "ameaçar alguém, por palavra, escrito ou gesto, ou qualquer outro meio simbólico, de causar-lhe mal injusto e grave". Esse crime ocupa lugar de destaque nas denúncias que as mulheres fazem com relação à violência masculina. Em termos numéricos situa-se logo abaixo do crime de lesão corporal na escala da violência denunciada contra as mulheres. Ocorreram 107.999 denúncias de ameaça em 1999. É a forma mais comum de intimidação e de manutenção do controle sobre as mulheres e, ao mesmo tempo, um meio de assegurar os poderes masculinos.

Cria-se, assim, um clima de constante insegurança, desorientação, medo e incapacidade de tomar iniciativas para sair da situação, gerando paralisação e mais submissão. Mais grave é o fato de a mulher imbuir-se de coragem para denunciar o crime à autoridade policial e nada ou quase nada ser feito, o que aumenta ainda mais os riscos de concretização da ameaça, gerando mais imobilismo por parte da vítima. Depois de gravemente ameaçada, é frequente a mulher voltar ao convívio com o agressor, o que a coloca em situação de risco de vida.

O crime de ameaça pode ser considerado também uma forma de violência psicológica que produz, muitas vezes, um efeito mais perverso, pois pode destruir a vontade, o desejo e a autonomia da outra pessoa. A vítima fica desamparada porque ninguém leva a denúncia a sério o suficiente para que as medidas factíveis sejam tomadas.

Tanto a ameaça como o crime de lesão corporal precedem o assassinato de mulheres que ocorre como resultado da violência de gênero. Esse tipo de homicídio ganhou um novo conceito, *femicídio*, usado pela primeira vez por Diana Russell e Jill Radford, em seu livro *The Politics of Woman Killing*, publicado em 1992, em Nova York. A expressão já havia sido empregada no Tribunal Internacional de Crimes contra Mulheres, em 1976. Entende-se por femicídio o assassinato de mulheres por razões associadas às relações de gênero. Em termos de números, o femicídio talvez seja o crime com menor ocorrência registrada em comparação aos demais, e um dos mais subnotificados. Não se anotam devidamente as circunstâncias da morte quando esta se dá no âmbito das relações entre companheiros/cônjuges. Enquanto para os homens o assassinato ocorre em espaços públicos como a rua, e é cometido pelos seus pares, no caso das mulheres, ocorre em sua grande maioria quando seus agentes são homens e pessoas com as quais mantiveram um relacionamento afetivo. As mulheres são assassinadas, quase sempre, em consequência da desigualdade de gênero.

Se houvesse uma política consequente de combate à violência contra a mulher, umas das ações prioritárias seria a construção de casas-abrigo e outras medidas que preservassem a segurança da denunciante. Os policiais e outros profissionais deveriam ser orientados para organizar com as vítimas um conjunto de ações protetoras. No Brasil, são ainda bastante incipientes as políticas de proteção às vítimas. E não existe vontade política para fazer avançá-las. Para o orçamento de 2002, não foi aprovado pelo Congresso Nacional o projeto para construção de casas-abrigo para mulheres em situação de risco de vida[2].

Na Costa Rica foi feita recentemente, e pela primeira vez, um estudo sobre os assassinatos de mulheres e suas causas mais frequentes[3]. A porcentagem de femicídios chegou a 70% do total de assassinatos. Não ocorreram por casualidade e suas vítimas não poderiam ser indistintamente homens ou mulheres. São assassinatos cujo único alvo são as mulheres. Os assassinatos de homens praticados por mulheres, como consequência das relações desiguais de gênero, representaram 2,7% do total de homicídios masculinos.

O femicídio ocorre quando seu agente considera que não há mais como controlar a mulher em seu todo, tanto o corpo como seus desejos, pensamentos e sentimentos.

Muitas foram mortas porque quiseram se separar do companheiro ou marido, outras porque estavam na rua quando eles voltaram para casa, outras porque não aceitaram a proposta de fazer sexo ou resolveram procurar outro namorado/companheiro. Os homicídios masculinos ocorreram porque as mulheres eram maltratadas e reagiram para defender seus filhos e a si próprias.

A impunidade está presente, velada ou não, nos femicídios.

A professora Suely Souza de Almeida[4] comenta sobre o longo percurso

---

[2] *Fêmea*, ano IX, nº 106, novembro de 2001.
[3] *Boletin* nº 32, Julio-Septiembre 2001, editado pela Isis Internacional.

"que transforma a violência de gênero, praticada rotineiramente entre quatro paredes, em femicídio, e este em maço de papel amarrado no arquivo geral. Os homicídios ou tentativas deles estudados não foram casuais, nem fenômenos isolados. Resultaram do caráter intensivo e extensivo da violência de gênero, em sua versão doméstica, que tem como corolário o femicídio – uma política deliberada e sem limites de exploração/dominação de mulheres, cuja expressão mais cabal é o extermínio das mesmas."

Na cidade de São Paulo, a cada 24 horas uma mulher é assassinada. Não se sabe quantas são mortas em consequência da violência de gênero por falta de um registro adequado dos dados[5].

---

[4] Almeida, Suely Souza de. *Femicídio, algemas (in)visíveis do público-privado*. Rio de Janeiro: Editora Revinter, 1998.
[5] Dados do Pro-Aim da PMSP, 2000.

VIOLÊNCIA CONTRA A MULHER: UMA QUESTÃO DE SAÚDE PÚBLICA!

Trataremos neste capítulo principalmente do atendimento à violência sexual nos serviços de saúde pública.

A violência contra a mulher em seus aspectos físicos e psíquicos tem sido relegada a um plano secundário. Os profissionais de saúde geralmente atendem pacientes com sintomas e queixas que requerem procedimentos bastante divulgados nas escolas e nos serviços. Não é o caso da chamada violência doméstica ou cronificada, responsável por espancamentos, ameaças de morte, lesões corporais de natureza leve, humilhações, ofensas e pontapés. Nesses casos, os funcionários não estão preparados para atender, orientar ou encaminhar essas mulheres. Recentemente, em São Paulo, vem sendo dado treinamento aos funcionários da rede municipal de saúde e foi promulgada a lei nº 13.150, em 20/06/2001, de autoria do Vereador Ítalo Cardoso, que introduz o quesito violência de gênero no sistema municipal de informação de saúde.

Estudos feitos no Brasil e em outros países mostram que as mulheres que vivem em situação de violência são frequentadoras dos serviços públicos de saúde, conhecidas como poliqueixosas, ou aquelas que sentem vários sintomas, dores e incômodos, difíceis de serem localizados, e que não conseguem nem explicar seus sofrimentos. São mais suscetíveis a sofrer de doenças pélvicas inflamatórias, gravidez indesejada, aborto espontâneo, depressão, comportamentos obsessivo-compulsivos.

A maioria das mulheres sabe que a violência física, sexual e psicológica é crime e que seus agressores podem ser denunciados em uma delegacia de polícia para responderem criminalmente pelo que cometeram. Algumas poucas sabem que podem responsabilizar civilmente o agressor e obter uma indenização pelo dano material e moral que tenham sofrido. Mas pouquíssimas sabem que têm direito a atendimento na rede pública de saúde.

Os serviços de saúde para atendimento das mulheres vítimas de violência orientam-se pela Norma Técnica do Ministério da Saúde, de 1998, que trata da prevenção e tratamento dos agravos resultantes da violência sexual contra mulheres e adolescentes.

Prevê essa norma que o atendimento às mulheres deverá ser realizado, preferencialmente, fora do espaço físico do pronto-socorro ou triagem, de modo a garantir às mulheres e adolescentes privacidade durante a consulta e o exame, estabelecendo um ambiente de confiança e respeito. Por outro, lado deve-se tomar cuidado com situações que podem estigmatizar as mulheres vítimas de violência, como a identificação de setor ou salas destinadas ao atendimento exclusivo de mulheres vítimas de estupro. O ideal é que o atendimento seja prestado por equipe multiprofissional, composta de médicos/as psicólogos/as, enfermeiros/as e assistentes sociais, e que toda a equipe esteja sensibilizada para as questões da violência contra a mulher. Há alguns cuidados médicos fundamentais no primeiro atendimento da mulher vítima de violência. A norma técnica recomenda os seguintes procedimentos: coleta de material (esperma, pelos etc.) para identificação do agressor, o qual deverá ficar à disposição da justiça; anticoncepção de emergência, que poderá ser ministrada até 72 horas após ocorrido o estupro; prevenção das doenças sexualmente transmissíveis (inclusive a Aids). Se ocorrer a gravidez, há a possibilidade do aborto legal, autorizado pelo Código Penal. Há, ainda, uma preocupação da norma técnica com a dor que a mulher possa vir a sentir durante todo o procedimento de interrupção da gravidez, que deve ser controlada, para que a mulher não venha a sofrer ainda mais nesse momento tão delicado e difícil.

Esse atendimento é um direito da mulher vítima de violência e deve ser parte integrante das políticas públicas de saúde.

O direito à saúde passou a ter *status* constitucional a partir da Constituição Federal de 1988. Foi caracterizado como direito fundamental de mulheres e homens, constando do rol dos direitos sociais (art. 6º). Somente a partir de 1946 foi reconhecida como parte integrante dos direitos humanos, passando a ser objeto da Organização Mundial de Saúde (OMS), que a definiu, em sua Constituição, como o completo bem-estar físico, mental e social, e não apenas a ausência de doença ou outros agravos.

Em nossa Constituição, por força de seu reconhecimento como direito social fundamental, o direito à saúde é referido em diversos outros momentos, o que espelha a preocupação da sociedade com a sua proteção.

Dessa forma, a ordem social, ao tratar da saúde, consignou em seu art. 196 que "A saúde é direito de todos e dever do Estado, garantido mediante políticas sociais e econômicas que visem à redução do risco de doença e de outros agravos e ao acesso universal e igualitário às ações e serviços para sua promoção, proteção e recuperação".

A participação da comunidade é o princípio, a diretriz do sistema de saúde, garantida constitucionalmente (art.198, III), reflexo do sistema democrático participativo adotado em 1988.

No atendimento da saúde pública é importante mencionar o chamado "aborto legal" de gravidez decorrente de estupro, de violência sexual. Cabe lembrar que o aborto legal feito pela rede de saúde pública só passou a existir a partir de 1990, não obstante o permissivo legal do Código Penal ser de 1940, e há hoje poucos locais que dispõem do serviço.

A respeito do aborto diz a Declaração do Cairo (CIPD – 1994) que em nenhum caso deverá ser promovido como método de planejamento familiar. Entretanto, apenas na Conferência Internacional sobre a Mulher em Beijing (item k), no ano seguinte, é que se pôde avançar, no sentido de que todos os governos foram instados a revigorar o seu compromisso com a saúde da mulher, a tratar com a devida atenção os efeitos que os abortos realizados em condições inadequadas têm sobre a saúde, a reduzir o recurso ao aborto mediante a prestação de serviços mais amplos e melhorados de planejamento familiar, e por fim considerar a possibilidade de reformar as leis que preveem medidas punitivas contra as mulheres que tenham sido submetidas a abortos ilegais.

O Código Penal Brasileiro, desde 1940, permite o aborto se não há outro meio de salvar a vida da gestante e se a gravidez decorre de estupro. Embora a previsão legal tenha quase sessenta anos, o debate em torno do aborto legalmente permitido tem ressurgido, e determinadas correntes políticas, radicalmente contra o aborto, procuram restringir a aplicação do Código Penal, como se estivéssemos diante de uma novidade jurídica.

Com esse objetivo encontra-se em discussão, no Congresso Nacional, projeto de decreto legislativo (PDC 737/98) que visa derrubar a Norma Técnica do Ministério da Saúde. O projeto de decreto legislativo foi submetido à votação e rejeitado pela Comissão de Seguridade Social e Família do Congresso Nacional, mas pretende-se levá-lo ao Plenário, por meio de permissão excepcional do Regimento Interno. A justificativa para o PDC 737/98 é que o Ministério da Saúde estaria legislando indevidamente sobre matéria que é de competência do Poder Legislativo, abrindo portas para a ampliação do aborto no Brasil.

Alguns pontos merecem ser esclarecidos nessa discussão, já que o Ministério da Saúde está apenas regulamentando o exercício de um direito que existe desde 1940 e que vinha sendo dificultado pela omissão do Estado quanto às questões do sistema público de saúde.

A Norma Técnica é bem mais ampla e visa normatizar o atendimento na rede pública de saúde das mulheres vítimas de violência sexual. Na sua apresentação a norma ressalta que "é dever do Estado e da sociedade civil delinearem estratégias para terminar com a violência contra a mulher, e ao setor de saúde compete acolher as vítimas, e não virar as costas para elas, buscando minimizar sua dor e evitar outros agravos". Portanto, o objetivo é estabelecer padrões para o atendimento de mulheres vítimas de violência sexual e não apenas para os casos de aborto. Nesse sentido a Norma Técnica prescreve procedimentos a serem adotados, descreve como devem ser as instalações de atendimento, recursos humanos, equipamentos, instrumental, sensibilização e treinamento de equipes multidisciplinares, prevenção das doenças sexualmente transmissíveis, etc. A mulher deve sempre ser orientada a registrar a ocorrência na delegacia de polícia e, no caso do aborto decorrente de estupro, é obrigatória a apresentação do boletim de ocorrência policial, que é a autorização da mulher. Caso haja declarações falsas no boletim de ocorrência policial ou no laudo de equipe médica e psicológica, a mulher poderá ser responsabilizada. A Norma Técnica prevê, inclusive, o apoio e acompanhamento daquelas mulheres que, mesmo sendo vítimas de estupro, não desejam interromper a gravidez. Como se vê, a Norma Técnica do Ministério da Saúde apenas regulamenta o exercício do aborto legal no sistema público de saúde.

O estado de São Paulo, também buscando viabilizar esse direito, editou a lei nº 10.291 de 7 de abril de 1999, que obriga os servidores das delegacias de polícia a informarem às vítimas de estupro sobre o direito de aborto legal. Dessa forma, no ato do registro policial, os servidores ficam obrigados a informar às mulheres, vítimas de estupro, que caso venham a engravidar, que poderão interromper legalmente a gravidez, conforme disciplina o Código Penal. Nesse momento as delegacias deverão fornecer a relação das unidades hospitalares públicas aptas a realizar o procedimento de interrupção da gravidez, com os respectivos endereços.

A opção pelo aborto no caso de estupro é um direito da mulher. Cabe ao Estado oferecer as condições necessárias para que esse direito seja exercido adequadamente dentro da rede pública de saúde, já que se trata de direito constitucional.

No Rio de Janeiro foi aprovada a lei estadual 2.802 de 1º de outubro de 1997, com idêntico teor. Entretanto, a Associação dos

Delegados de Polícia do Estado do Rio de Janeiro – Adepol/RJ, em absoluto desrespeito ao direito de informação conjugado com o direito ao aborto nos casos previstos em lei, resolveu propor uma ação questionando a sua constitucionalidade. A Adepol/RJ argumentou que a lei feria a liberdade de consciência e de crença dos servidores obrigados a informar; que seria uma atuação coercitiva ou indutiva do direito à autorregulação da fertilidade como livre decisão da mulher, do homem e do casal, tanto para procriar como para não o fazer; e que, por fim, esse dever estaria fora das atribuições da polícia, das funções de polícia judiciária e de apuração das infrações penais. O Tribunal de Justiça do Rio reconheceu a inconstitucionalidade, mas apenas por vício formal, por entender que caberia apenas ao Governador do Estado a autoria de lei de estruturação e de definição de atribuições das Secretarias de Estado, ou seja, que a lei não poderia ter sido iniciada por uma deputada, tal como foi. É claro que essa ação conjugou de forma completamente inadequada direitos igualmente protegidos, primeiro porque o posicionamento pessoal das autoridades não as desobriga de cumprir a lei. Vejamos: para a igreja o casamento é indissolúvel. Poderia uma autoridade pública devota recusar-se a informar sobre o direito ao divórcio? Ademais confunde o direito ao planejamento familiar com o direito ao aborto legal. O aborto em caso de estupro não objetiva controlar a natalidade e não é uma obrigação legal, um dever, mas um direito da mulher estuprada. A Constituição Federal de 1988 assegura a todos o acesso à informação. É, portanto, dever do Poder Público informar e esclarecer a população sobre quaisquer direitos de que disponha, bem como suas formas de exercício. Esse dever decorre da letra expressa da Constituição e do Código Penal e não precisaria estar escrito em uma lei estadual para ter de ser cumprido pelos servidores públicos.

Recentemente o deputado Carlos Dias – PPB/RJ, da Renovação Carismática Católica, conseguiu, alegando inconstitucionalidade, que o Tribunal de Justiça/RJ concedesse liminar favorável à sua representação para suspensão da Lei 3.339/2001, que regulamenta o atendimento em hospitais municipais aos casos de aborto legal. A Procuradoria Geral do Município se dispôs a recorrer contrariamente a tão absurda decisão. Tal fato exemplifica o quanto tem sido difícil avançar para a concretização dos direitos reprodutivos e sexuais em nosso país.

O RECONHECIMENTO DOS DIREITOS DAS MULHERES COMO DIREITOS HUMANOS

No plano jurídico nacional, a Constituição Federal de 1988 significou um marco no tocante aos direitos humanos da mulher e ao reconhecimento de sua cidadania plena. Esse fato se deveu, principalmente, à articulação das próprias mulheres no Congresso Nacional Constituinte, com a apresentação de emendas populares que garantiram a inclusão dos direitos da mulher, permitindo que o documento constitucional tivesse um perfil mais igualitário. Após um período de vinte anos de governos militares, tivemos em 1984 um expressivo movimento nacional por eleições diretas ("Diretas Já")[1] que, embora não vitorioso, gerou frutos nos anos seguintes, como o nascimento dos plenários, comitês e movimentos pró-participação

---

[1] "Emenda Dante de Oliveira", Votada em 25.4.1984

popular na Constituinte, em todo o Brasil. No início de 1985 surgiu o Projeto Educação Popular Constituinte, houve o lançamento do Movimento Nacional pela Participação Popular na Constituinte e as pessoas passaram a se articular para garantir sua participação naquele processo. Conquista fundamental das diversas organizações envolvidas foram as chamadas "emendas populares", incluídas no Regimento Interno da Constituinte, cuja proposta deveria ser subscrita por, no mínimo, trinta mil eleitores, em lista organizada por, no mínimo, três entidades associativas legalmente constituídas. Foram propostas mais de cem emendas populares. O Regimento ainda previa a possibilidade de apresentação de sugestões e audiências públicas. O movimento de mulheres agiu articuladamente e efetivamente participou do Congresso Nacional Constituinte, levando propostas e sugestões, o que permitiu que a Constituição Federal de 1988 acolhesse a igualdade entre mulheres e homens como um de seus princípios básicos. O movimento apresentou proposta de emenda popular pela descriminalização do aborto, defendida em Plenário em 26 de agosto de 1987.

A Constituição, como documento jurídico e político das cidadãs e dos cidadãos brasileiros, buscou romper com um sistema legal fortemente discriminatório (negativamente), em relação ao gênero feminino.

Foi assim constitucionalizada, como fundamento da República Federativa do Brasil, a dignidade do ser humano (não só do homem ou da mulher). E um dos objetivos fundamentais de nosso país é a promoção do bem de todos, sem preconceitos quanto a origem, raça, sexo, cor, idade ou quaisquer outras formas de discriminação. Para reforçar ainda mais, a Constituição de 1988 prevê como direito constitucional a igualdade de todos perante a lei, sem distinção de qualquer natureza, e a igualdade de mulheres e homens em direitos e obrigações. Prevê, ainda, o direito das mulheres presidiárias de terem asseguradas condições para que possam permanecer com seus filhos durante o período de amamentação.

Temos como direito social a proteção da maternidade e da infância, de forma que a mulher tem direito à licença-gestante, sem prejuízo do emprego e do salário, com a duração de 120 dias, e garantia de estabilidade desde a confirmação da gravidez até 5 meses após o parto.

No tocante ao exercício do trabalho fica proibida a diferença de salários, de exercício de funções, e de critérios de admissão por motivo de sexo, idade, cor ou estado civil, e o mercado de trabalho da mulher deve ser protegido mediante incentivos específicos.

Também deve ser assegurada assistência gratuita aos filhos e dependentes desde o nascimento até seis anos de idade em creches e pré-escolas.

No capítulo que trata da família, mais uma vez foi destacado que os direitos e deveres devem ser exercidos igualmente pelo homem e pela mulher no casamento. A Constituição reconhece o dever do Estado de proteger a família, que pode ser formada pelo casamento; pela união estável; pela mãe e os filhos ou pelo pai e os filhos, assegurando a assistência à família na pessoa de cada um dos que a integram e criando mecanismos para coibir a violência doméstica.

Fundado nos princípios da dignidade da pessoa humana e da paternidade responsável, o planejamento familiar é livre decisão do casal, e compete ao Estado propiciar recursos educacionais e científicos para o exercício desse direito.

Como é possível observar, nossa Constituição avançou muito na promoção e defesa dos direitos da mulher.

No plano da proteção internacional dos direitos humanos, no qual o Brasil também se insere, uma vez que a própria Constituição estabelece (§ 2º do art. 5º) que os direitos e garantias nela expressos não excluem outros decorrentes do regime e princípios por ela adotados, ou dos tratados internacionais de que o Brasil seja parte, temos dois tratados internacionais ratificados pelo Brasil que se referem especificamente aos direitos das mulheres: Convenção da Organização das Nações Unidas sobre Eliminação de todas as Formas de Discriminação contra a Mulher ratificada em 1984, e a Convenção Interamericana para Prevenir, Punir e Erradicar a Violência contra a Mulher, ratificada em 1995.

Os tratados internacionais que o Brasil ratifica, além de criarem obrigações para o Brasil perante a comunidade internacional, também originam obrigações internas, gerando novos direitos para as mulheres, que passam a contar com uma última instância internacional de decisão, quando todos os recursos disponíveis no Brasil falharem na realização da justiça.

Portanto, em face da proteção conferida pelo Direito Internacional dos Direitos Humanos, atualmente é possível peticionar à Comissão Interamericana de Direitos Humanos, apresentando denúncias e queixas no que se refere à prática de violência contra a mulher.

No tocante à violência contra a mulher destaca-se o sistema regional de proteção (OEA), por conferir tratamento especial a esse assunto, por meio da Convenção de Belém do Pará, que é o único tratado internacional que aborda especificamente a questão da violência de gênero.

A situação de discriminação em que vivem muitas mulheres acaba também por se refletir no sistema de proteção dos direitos humanos. A Convenção sobre a Eliminação de todas as Formas de Discriminação contra a Mulher foi, dentre as Convenções da ONU, a que mais recebeu reservas por parte dos países que a ratificaram. A participação das mulheres nos órgãos internacionais que monitoram a aplicação dos tratados de direitos humanos também é bastante reduzida e pouquíssimas mulheres participaram até hoje da Comissão e da Corte Interamericana de Direitos Humanos.

Não é por outra razão que em Viena, em 1993, por ocasião da Conferência Mundial sobre Direitos Humanos, o movimento de mulheres levou a bandeira de luta: "os direitos da mulher também são direitos humanos", ficando consignado na Declaração e Programa de Ação de Viena (item 18) que: "Os direitos humanos das mulheres e das meninas são inalienáveis e constituem parte integral e indivisível dos direitos humanos universais".

Foi essa a primeira vez que se reconheceu em um foro internacional que os direitos da mulher são direitos humanos. Em decorrência do Programa de Ação adotado em Viena a Assembleia Geral das Nações Unidas aprovou a Resolução 48/104, de 20 de dezembro de 1993, que contém a Declaração sobre a Violência contra a Mulher, tema que até então não contava com nenhum documento específico em nível mundial. Esse documento serviu de base para a posterior Convenção de Belém do Pará, de nível regional, para prevenir, punir e erradicar a violência contra a mulher, e foi precursor ao definir violência de gênero englobando a violência física, sexual e psicológica, ocorrida no âmbito público ou privado. No ano seguinte, em 1994, por meio da Resolução nº 1994/45, a Comissão de Direitos Humanos da ONU designou uma relatora especial para monitorar a violência contra a mulher em todo o mundo.

Após a Conferência Mundial sobre Direitos Humanos entendemos estar sepultada, por definitivo, a expressão "direitos do homem", para se referir a toda a humanidade, e ficou expresso que a locução "direitos humanos" engloba os direitos das mulheres e meninas.

Essa reflexão foi renovada por ocasião do quinquagésimo aniversário da Declaração Universal dos Direitos Humanos (1948).

Merece destaque no reconhecimento dos direitos das mulheres como direitos humanos a IV Conferência Mundial sobre a Mulher, realizada em Beijing, de 4 a 15 de setembro de 1995, que reconheceu definitivamente os direitos da mulher como direitos humanos em sua Declaração e Plataforma de Ação.

Enfim, a violência praticada contra a mulher é um dado inquestionável da realidade mundial e a Convenção Interamericana para Prevenir, Punir e Erradicar a Violência contra a Mulher reconhece expressamente em sua parte preambular que a violência com que vivem muitas mulheres das Américas, sem distinção de raça, religião, idade ou qualquer outra condição, é uma situação generalizada.

A Convenção Interamericana para Prevenir, Punir e Erradicar a Violência contra a Mulher insere-se no sistema regional-especial, no qual a mulher é especialmente protegida. A OEA trouxe significativa colaboração para a proteção jurídica da mulher, com a elaboração dessa Convenção.

O sistema de proteção dos direitos humanos, as abordagens inovadoras que privilegiem o conteúdo ético da Constituição Federal de 1988 e uma interpretação que busque dar garantias de sua efetividade podem iniciar a revolução da inclusão. É possível pensar a dignidade da pessoa humana (art.1º, III, CF/88) para mulheres e homens igualmente. É possível exigir dos poderes públicos a implementação de direitos constitucionais que garantam à mulher uma vida mais igualitária e livre de violência.

PROTEÇÃO LEGISLATIVA NACIONAL E INTERNACIONAL

A violência contra a mulher abrange a violência física, sexual e psicológica e pode ocorrer no espaço público ou privado. No Brasil não existe legislação específica que ampare a violência praticada contra a mulher e muito menos a violência doméstica. Dessa forma utiliza-se o Código Penal, que é um conjunto de leis que não levou em conta a situação específica da mulher vítima de violência.

No tocante à proteção legislativa nacional da mulher vítima de violência, a Constituição Federal de 1988 é um marco político na medida em que prevê como obrigação do Estado criar mecanismos de combate à violência no âmbito das relações familiares.

Até chegarmos a abordagens jurídico-positivas da violência contra a mulher, seja pelo sistema de proteção internacional, seja pelo sistema nacional, um longo trajeto foi percorrido.

Ao abordarmos esse longo percurso histórico, poderíamos retroceder a um dos primeiros documentos de proteção de direitos humanos, oriundo da Revolução Francesa (a Declaração dos Direitos do Homem e do Cidadão de 1789), que nos reporta à triste história de Marie Olympe de Gouges. Entretanto, nos fixaremos no passado mais próximo, que possibilitou, concretamente, a edição da Convenção Interamericana para Prevenir, Punir e Erradicar a Violência contra a Mulher, que é o documento mais importante, em vigor no Brasil, que trata especificamente da violência contra a mulher.

A Convenção foi aprovada pela Assembleia Geral da Organização dos Estados Americanos em 9 de junho de 1994 e ratificada pelo Brasil em 27 de novembro de 1995, o que a torna exigível por todas as mulheres brasileiras que se encontrarem em situação de violência.

Na órbita das Nações Unidas, de forma particularizada destacamos a Convenção sobre a Eliminação de todas as formas de Discriminação contra a Mulher (ONU-1979) e a Declaração de Beijing (1995). Todos esses documentos têm a mulher como foco principal de proteção, pois constatou-se ao longo do tempo a insuficiência da fórmula da "igualdade entre todos" presente nos documentos gerais iniciais, a Declaração Universal dos Direitos Humanos (ONU-1948) e a Declaração Americana dos Direitos e Deveres do Homem (OEA-1948).

A violência de gênero mereceu uma Declaração sobre a Eliminação da Violência contra a Mulher, adotada pela Assembleia Geral da ONU em 20 de dezembro de 1993 (A/RES/48/104). Nessa declaração, a Assembleia Geral reconheceu que essa violência era uma manifestação da histórica desigualdade de relações de poder entre mulheres e homens, nas quais as mulheres eram especialmente vulneráveis, e que a violência contra a mulher era um obstáculo para o implemento da igualdade, desenvolvimento e paz.

A declaração exemplifica algumas condutas que podem ser compreendidas como violência contra a mulher, referindo-se expressamente à mutilação genital e outras práticas tradicionais prejudiciais. Esse é um ponto importante, que frequentemente esbarra na problemática do relativismo cultural e que não foi mencionado pela Convenção de Belém do Pará. A Declaração, nesse ponto específico, avança mais na proteção da mulher, determinando inclusive que os Estados não devem invocar quaisquer costume, tradição ou consideração religiosa para esquivar-se de suas obrigações com respeito à eliminação da violência contra a mulher.

As estudiosas americanas dos direitos da mulher Elizabeth A. H. Abi-Mershed e Denise L. Gilman[1] assinalam que uma das prioridades dos direitos humanos é assegurar que a mulher esteja livre de todo tipo de violência. Somente recentemente tem sido explorada a extensão em que a violência própria de gênero, especialmente quando perpetrada por atores privados, cai dentro da competência do Direito Internacional dos Direitos Humanos.

No âmbito da Organização dos Estados Americanos (OEA), antes da edição da Convenção de Belém do Pará, alguns documentos importantes a respeito da violência contra a mulher foram feitos. A Consulta Interamericana sobre a Mulher e a Violência de 1990, a Declaração sobre a Erradicação da Violência contra a Mulher, aprovada nesse mesmo ano pela Vigésima Quinta Assembleia de Delegadas, e a Resolução AGIRES 1128 (XXI-O/91), *Proteção*

---

[1] Elizabeth A. H., Abi-Mershed e Denise L. Gilman – *Proteción Internacional de los Derechos Humanos de las Mujeres*. San José, C. R.: Instituto Interamericano de Derechos Humanos, Cladem, 1997, p. 198.

do Mulher contra o Violência, foram documentos precursores na área da violência de gênero, embora sem a mesma força jurídica do tratado internacional que foi o ponto culminante daquele processo.

A Convenção de Belém do Pará começa por reconhecer que a violência contra a mulher constitui violação dos direitos humanos e liberdades fundamentais, limitando total ou parcialmente à mulher o reconhecimento, gozo e exercícios desses mesmos direitos e liberdades.

A convenção define como violência contra a mulher qualquer ato ou conduta baseada no gênero, que cause morte, dano ou sofrimento físico, sexual ou psicológico à mulher, tanto na esfera pública como na esfera privada (art. 1º).

Dessa forma, a convenção reconhece expressamente que a violência é um fenômeno que afeta todas as esferas da vida da mulher: família, escola, trabalho e comunidade.

A definição trazida pela convenção reveste-se de significativa importância ao preocupar-se com a violência na esfera privada, a chamada violência doméstica, pois os agressores das mulheres geralmente são parentes ou pessoas próximas[2]. Dessa forma, a violação dos direitos humanos da mulher, ainda que ocorra no âmbito da família ou da unidade doméstica, interessa à sociedade e ao poder público.

Ao trabalhar com os conceitos de violência doméstica e violência intrafamiliar, Heleieth Saffioti[3], traça um paralelo entre a organização de um galinheiro, no qual impera a "ordem das bicadas"

---

[2] Ver, a respeito, Heleieth I. B. Saffioti e Suely Souza de Almeida. *Violência de gênero: poder e impotência*. Rio de Janeiro: Revinter, 1995, p. 4.

[3] "Violência doméstica ou a lógica do galinheiro", In: Kupstas, Márcia. (org.) *Violência doméstica em debate*. São Paulo: Moderna, 1997. (Coleção Debate na Escola), p. 39.

e o galo mais forte enfrenta os rivais, domina as galinhas e a organização das famílias e a estrutura de uma família patriarcal, na qual o homem adulto é o "chefe da casa", paga as contas e define o destino da mulher e dos filhos. Ao comparar as duas estruturas, Saffioti traça distinções interessantes para que possamos compreender a violência doméstica. Ou seja, o território de cada galo é demarcado geograficamente. No primeiro caso, se uma galinha fugir o galo não a segue, pois ela deixa de pertencer ao território dele. Já para os seres humanos, o território é simbólico. Quando há uma separação, muitas vezes o homem passa a perseguir a mulher, ou seja, para ele a relação continua existindo, pelo menos simbolicamente, o que pode levá-lo a atos caracterizados como violência doméstica, ainda que praticados fora da residência da família. Dessa forma, o espaço onde se dá a violência doméstica é um território simbólico. Já a violência intrafamiliar, que se dá em razão das relações de parentesco consanguíneo e/ou afins, pode não ser caracterizada como violência doméstica, por ter ocorrido fora daquele território simbólico.

A definição da Convenção de Belém do Pará é suficientemente ampla para compreender essa distinção, pois caracteriza a violência doméstica como violência física, sexual e psicológica que tenha ocorrido dentro da família ou unidade doméstica ou em qualquer outra relação interpessoal, em que o agressor conviva ou haja convivido no mesmo domicílio que a mulher.

Ainda a respeito de a violência doméstica ser ou não uma "questão menor", da "órbita privada", Leila Linhares Barsted[4] menciona que

---
[4] Metade vítimas, metade cúmplices? A violência contra as mulheres nas relações conjugais, In: In: DORA, Denise Dourado. (org.) *Feminino masculino: igualdade e diferença na justiça*. Porto Alegre: Sulina, 1997. p. 73-84.

> "pensar que a violência conjugal não ameaça a ordem é esquecer que, quando um indivíduo está imbuído do papel de justiceiro ao agredir ou matar sua mulher, porque ela deixou de fazer a comida, não chegou cedo em casa, enfim, resolveu desobedecê-lo, esse indivíduo está difundindo um modelo perigoso à ordem pública. A pouca importância dada aos crimes cometidos no espaço doméstico pode levar ao entendimento de que existe uma lei privada, uma lei interna às famílias que permite que pais castiguem filhos até a brutalidade e que maridos e companheiros castiguem suas mulheres porque elas não corresponderam ao papel de esposas ou de mães tradicionais. Esses homens que fazem e aplicam essa lei privada são os famosos 'justiceiros'...".

A mulher é costumeiramente penalizada em dobro no âmbito das relações domésticas: quando se trata do reconhecimento e da valorização do trabalho doméstico, este se torna invisível e desprestigiado, porém, quando se trata da violência ocorrida dentro desse mesmo espaço, imediatamente surgem as vozes em defesa desse espaço "sagrado", "indevassável" por quem quer que seja.

Elisabeth A. H. Abi-Mershed e Denise L. Gilman[5] identificam a frequente ocorrência da violência doméstica como uma possível explicação para o fato de não se terem muitos casos individuais relativos à violência contra a mulher em discussão na Comissão Interamericana de Direitos Humanos. Dizem elas que a violência própria de gênero, contra a mulher, é usualmente efetuada por atores privados em lugar de agentes do Estado, e geralmente ocorrem no contexto da família.

Dessa forma, tanto a violência doméstica como a violência ocorrida no espaço público, ou seja, na comunidade, foram contempladas (art. 2º).

---

[5] Ob. cit., p. 167.

O direito a uma vida livre de violência é um direito fundamental das mulheres na esfera pública e privada (art. 3º).

A Convenção de Belém do Pará estatui que a mulher está protegida pelos demais direitos previstos em todos os instrumentos regionais e internacionais relativos aos direitos humanos (art. 4º), mencionando expressamente o direito a que se respeite sua vida, integridade física, mental e moral; direito à liberdade e à segurança pessoais; o direito a não ser submetida a tortura; o direito a que se respeite a dignidade inerente à sua pessoa e a que se proteja sua família; o direito a igual proteção perante a lei e da lei; o direito a recurso simples e rápido perante tribunal competente que a proteja contra atos que violem os seus direitos; o direito de livre associação; o direito de professar a própria religião e as próprias crenças, de acordo com a lei; e o direito a ter igualdade de acesso às funções públicas de seu país e a participar nos assuntos públicos, inclusive na tomada de decisões.

Essa convenção entende que a violência contra a mulher impede e anula o exercício dos direitos civis, políticos, econômicos, sociais e culturais (art. 5º), de forma que, paralelamente à violência física, sexual e psicológica, estaria ocorrendo uma violação àqueles direitos. Daí a gravidade da violência contra a mulher, que é capaz de lesar vários bens jurídicos protegidos, simultaneamente.

A Convenção confere importantes responsabilidades ao Estado na missão de proteger a mulher da violência no âmbito privado e público. Seu enfoque é a *prevenção, punição e erradicação* da violência contra a mulher. Os Estados têm de tomar medidas para prevenir a violência, investigar diligentemente qualquer violação, perseguindo a responsabilização dos violadores, e assegurar a existência de recursos adequados e efetivos para a devida compensação para as vítimas das violações.

A Convenção adotou a sistemática de deveres exigíveis de imediato, previstos no artigo sétimo, e de deveres exigíveis progressivamente, previstos no artigo oitavo. Esses últimos assumem a feição de medidas programáticas a serem adotadas paulatinamente e referem-se em sua maior parte a medidas educativas, principalmente preventivas, destinadas a *evitar* a violência contra a mulher. Essas medidas, por sua própria natureza, carecem de justiciabilidade imediata perante a Comissão Interamericana de Direitos Humanos, por meio do sistema de petições. Porém, elas deverão ser obrigatoria-mente referidas no sistema de proteção realizado por meio dos relatórios nacionais enviados à essa comissão (art. 10).

Ponderamos, entretanto, que os Estados-membros não podem esconder-se sob o manto da progressividade, para nada fazer em relação às medidas de caráter preventivo e educativo. Se nenhum passo é dado no sentido da realização dessas medidas, não se pode falar em adoção progressiva, mas sim em omissão total do Estado. Pensamos que tal comportamento não só pode como deve ser submetido à Comissão de Direitos Humanos, na forma do artigo 12, para declarar a omissão do Estado-parte na implementação da Convenção.

Os deveres constantes do artigo sétimo são exigíveis de imediato, havendo a possibilidade de submeter o Estado-parte à Comissão Interamericana de Direitos Humanos, por meio do sistema de petições (art. 12), quando não satisfeitos pelo Estado obrigado. Esses deveres normalmente atuam para erradicar e punir a violência contra a mulher.

Os Estados, ao ratificarem o Pacto, comprometem-se a adotar, por todos os meios apropriados, e sem demora, políticas destinadas a prevenir, punir e erradicar a violência contra a mulher (art. 7º).

Para tanto, é exigido do próprio Estado e de suas instituições, autoridades, funcionários e pessoal que abstenham-se de atos e práticas de violência contra a mulher e ajam com zelo para prevenir, investigar e punir, estabelecendo procedimentos jurídicos justos e eficazes para a mulher sujeita à violência, inclusive, entre outros, medidas de proteção, juízo oportuno e efetivo acesso a tais processos, sendo que esses mecanismos judiciais e administrativos devem ser aptos a assegurar à mulher vítima da violência o efetivo acesso a restituição, reparação e outros meios de compensação justos e eficazes, e exigindo do agressor que se abstenha de perseguir, intimidar e ameaçar a mulher ou de fazer uso de qualquer método que danifique ou ponha em perigo sua vida, integridade ou propriedade.

Outro ponto que merece ser destacado diz respeito à necessidade de o Estado incorporar na sua legislação interna normas penais, civis, administrativas e outras que sejam necessárias para prevenir, punir e erradicar a violência contra a mulher, bem como modificar ou revogar normas e práticas jurídicas ou consuetudinárias[6] que respaldem a persistência e a tolerância a esse tipo de violência. Ou seja, é importante que à proteção internacional se some a proteção interna.

Até agora as medidas exigidas dos Estados-partes referem-se basicamente à punição e à erradicação da violência contra a mulher. Entretanto, medidas preventivas também são exigidas, completando o tripé prevenção-punição-erradicação.

Ao tratar das medidas preventivas (art. 8º), a Convenção dispõe que os Estados-partes pactuam em adotar progressivamente programas destinados a promover o conhecimento e a observância do direito da mulher a uma vida livre de violência e de acordo

---

[6] Fundada nos costumes

com os seus direitos humanos; modificar os padrões sociais e culturais de conduta dos homens e mulheres em todos os níveis do processo educacional, a fim de combater preconceitos e estereótipos; promover a educação e o treinamento de todo o pessoal judiciário, policial e demais funcionários responsáveis pela aplicação da lei; prestar serviços especializados apropriados à mulher ,submetida à violência; incentivar os meios de comunicação para que formulem diretrizes adequadas de divulgação que contribuam para a erradicação da violência contra a mulher; assegurar a pesquisa e coleta de estatísticas e outras informações relevantes concernentes às causas, consequências e frequência da violência contra a mulher, entre outras.

Dentro da perspectiva de igualdade, observada a diversidade, a Convenção recomenda aos Estados-partes que considerem, no cumprimento de seus deveres, as situações específicas da mulher, levando em conta a situação da mulher vulnerável à violência por sua raça, origem étnica ou condição de migrante, de refugiada ou de deslocada, entre outros motivos, e também considerando a violência à mulher gestante, deficiente, menor, idosa ou em situação socioeconômica desfavorável, afetada por situações de conflito armado ou de privação da liberdade.

Os mecanismos de implementação da Convenção que possibilitam a existência de um sistema interamericano de proteção são de duas naturezas: a primeira é consubstanciada por um sistema de relatórios nacionais; ou seja, os Estados-partes deverão incluir nos relatórios enviados à Comissão Interamericana de Direitos Humanos informações sobre as medidas adotadas para prevenir e erradicar a violência contra a mulher, prestar assistência à mulher afetada pela violência, bem como sobre as dificuldades que observarem na aplicação delas e os fatores que contribuam para a violência contra a mulher (art. 10).

O segundo sistema possibilita que qualquer pessoa ou grupo de pessoas, ou qualquer entidade não governamental, juridicamente reconhecida em um ou mais Estados-membros da Organização, apresente à Comissão Interamericana de Direitos Humanos petições referentes a denúncias ou queixas de violação do artigo sétimo da Convenção por um Estado-parte, devendo a Comissão considerar tais petições de acordo com as normas e procedimentos estabelecidos na Convenção Americana sobre Direitos Humanos e no Estatuto e Regulamento da Comissão (art. 12).

Há, ainda, a possibilidade de se solicitar à Corte Interamericana de Direitos Humanos parecer sobre a interpretação dessa Convenção. Somente os Estados-partes nessa Convenção e a Comissão Interamericana de Direitos Humanos podem fazê-lo (art. 11).

No plano jurídico brasileiro a Constituição Federal de 1988, por sua importância histórica, política e jurídica no sistema legislativo nacional – que a torna a mais importante das leis, na medida em que todas as demais normas devem ser elaboradas em consonância com o texto constitucional, sob pena de serem declaradas inconstitucionais e não mais aplicadas – é decisiva no que toca a proteção e a promoção dos direitos humanos das mulheres.

Dispõe o § 2º do artigo 5º da CF/88 que:

> "Todos são iguais perante a lei, sem distinção de qualquer natureza, garantindo-se aos brasileiros e aos estrangeiros residentes no País a inviolabilidade do direito à vida, à liberdade, à igualdade, à segurança e à propriedade, nos termos seguintes:

(...)
§ 2º Os direitos e garantias expressos nesta Constituição não excluem outros decorrentes do regime e dos princípios por ela adotados, ou dos tratados internacionais em que a República Federativa do Brasil seja parte".

A pergunta que agora se faz é se estaria o direito a uma vida livre de violência, e consequentemente de violência doméstica, constitucionalizada pelo § 2º do artigo 5º da CF/88.

A natureza das normas que ingressam no sistema jurídico brasileiro pela porta do § 2º do artigo 5º tem gerado alguma discussão por parte dos estudiosos do Direito Constitucional e do Direito Internacional dos Direitos Humanos. Apresentam-se pelo menos duas correntes. Há aqueles que, a despeito da redação do § 2º do artigo 5º da CF/88, continuam atribuindo às normas constantes dos tratados internacionais de direitos humanos natureza de norma infraconstitucional[7], e há aqueles que passaram a atribuir a essas mesmas normas o *status* de norma constitucional[8].

A primeira posição dá mais força ao artigo 102, III, "b", que confere ao Supremo Tribunal Federal competência para julgar recurso extraordinário decorrente de decisão que tenha julgado tratado (internacional) inconstitucional. Também alegam que, se os tratados internacionais tivessem a mesma hierarquia das normas constitucionais, seu procedimento de incorporação não poderia ser diferente daquele previsto para a aprovação de emenda

---

[7] Conferir a esse respeito Manoel Gonçalves Ferreira Filho (*Direitos humanos fundamentais*. São Paulo: Saraiva, 1995, p. 98) e Alexandre Moraes (*Direitos humanos fundamentais*. São Paulo: Atlas, 1997, p. 295).
[8] Ver, a respeito, Flávia Piovesan (*Direitos humanos e o direito constitucional internacional*. São Paulo: Max Limonad, 1996, p. 82), Celso D. de Albuquerque Mello (*Direitos humanos e conflitos armados*. Rio de Janeiro: Renovar, 1997. p. 38) e Carlos Weis (*Direitos Humanos Contemporâneos*. São Paulo: Malheiros, 1999, p. 25).

constitucional. O Supremo Tribunal Federal em recente julgado acabou dando prevalência à Constituição Federal no caso de conflito entre as duas ordens, assinalando que os compromissos assumidos pelo Brasil em tratado internacional de que seja parte não minimizam o conceito de soberania do Estado-povo na elaboração da sua Constituição.

A segunda posição, por meio de uma interpretação sistemática da Constituição Federal, concluiu que há uma primazia no tratamento dado pela CF/88 aos tratados internacionais sobre os direitos humanos. Assim, esses tratados gozam na ordem jurídica brasileira de um tratamento privilegiado. Dessa forma, o artigo que confere ao Supremo Tribunal Federal poder de decidir sobre a constitucional idade de tratado internacional (art. 102, III, "b") não pode ser aplicado aos que tenham por objeto direitos humanos, os quais, segundo Flávia Piovesan, possuem *privilégio hierárquico* em relação aos demais tratados, o que foi conferido por nossa Constituição em atenção à matéria de que tratam[9].

Essa posição de primazia dos direitos humanos é plenamente amparada pela atual Constituição, que elege como fundamento da República a dignidade do ser humano (art. l, III) e a cidadania (art. 1º, II); que diz que o Brasil tem de se reger em suas relações internacionais pela prevalência dos direitos humanos (art. 4º); que afirma que é objetivo fundamental do Brasil promover o bem de todos, erradicar a pobreza e a marginalização e construir uma sociedade justa, livre e solidária (art. 3º, I, III e IV); e que inverteu a ordem de apresentação dos direitos fundamentais, que passaram a constar dos primeiros artigos da Constituição.

---

[9] Piovesan, Flávia – *Direitos humanos e o direito constitucional internacional*. São Paulo: Editora Max Limonad, 1995, p. 94.

Por essas razões é que entendemos como mais adequada a teoria que atribui às normas constantes dos tratados de direitos humanos o *status* de norma constitucional. É a interpretação que melhor atende ao espírito e à letra do § 2º do artigo 5º da CF/88.

Em decorrência dessa natureza particular dos tratados internacionais de direitos humanos se faria necessário apenas uma mudança constitucional, no sentido de harmonizar o seu tratamento. Haveria necessidade de se ressalvar que os mecanismos normais de denúncia, que funcionam para os demais tratados, não podem ser aplicados da mesma forma aos tratados internacionais que disponham sobre os direitos humanos, sob pena de não se estar respeitando sua natureza de norma constitucional. Na medida em que esses direitos são constitucionais, é de todo incoerente que a vontade unilateral do Poder Executivo possa suprimi-las, quando a Constituição tem vedação expressa para que o próprio Congresso Nacional, que expressa a vontade geral, possa fazê-lo, no que tange aos direitos constitucionais formais.

Nas relações internacionais, para fim de verificação do direito subjetivo no âmbito internacional, os tratados internacionais contêm mecanismos de proteção contra o desligamento imediato de um Estado, geralmente requerendo um prazo razoável para que o instrumento de denúncia surta efeito, sendo certo que tal ato não excluirá o Estado-parte do cumprimento das obrigações decorrentes do tratado durante sua vigência, nem poderá ser utilizado como ardil para acarretar a suspensão do exame de denúncias de sua violação[10].

---

[10] O aviso prévio de denúncia geralmente é de um ano, como no caso da Convenção Americana de Direitos Humanos (art. 78, 1) e da Convenção de Belém do Pará, que dispõe: "Art. 24 – A presente Convenção vigorará indefinidamente, mas qualquer dos Estados-partes poderá denunciá-la mediante o depósito de um instrumento com esse fim na Secretaria Geral da Organização dos Estados Americanos. Um ano depois da data do depósito de instrumento de denúncia, a Convenção cessará em seus efeitos para o Estado denunciante, continuando a subsistir para os demais Estados-partes".

De todo o exposto, podemos concluir que o direito constitucional a uma vida livre de violência, e de violência doméstica em particular, reveste-se de natureza constitucional, por força do § 2º do artigo 5º da CF/88, e a sua não regulamentação, afetando sua efetividade, configura inconstitucionalidade por omissão dos poderes públicos.

Essa tese é sobremaneira reforçada na medida em que a própria Constituição Federal de 1988 previu a participação do Estado na erradicação da violência doméstica (art. 226, parágrafo 8º).

Ou seja, nossa Constituição demonstra expressamente sua preocupação com a violência doméstica e com a necessidade da participação do Estado para coibi-la. Desse artigo é igualmente possível extrair que está constitucionalizado o direito da mulher a uma vida livre de violência, especialmente no âmbito privado.

O Supremo Tribunal Federal inclusive já reconheceu que há direitos fundamentais esparsos por toda a Constituição, quando reconheceu como direito constitucional individual protegido pelo § 4º do artigo 60, o princípio da anterioridade tributária.

No Brasil, conforme já foi ressaltado, não existe legislação específica que ampare a violência doméstica. A violência praticada contra a mulher é apanhada pelo Código Penal, que regula genericamente os ilícitos penais. Com a promulgação da lei 9.099/95 quase a totalidade das agressões praticadas contra mulheres que se constituem no crime de lesão corporal foram desaguar no Juizado Especial Criminal (Jecrim).

A má aplicação ou aplicação distorcida da lei 9.099/95 tem gerado uma grande insatisfação no movimento de mulheres, que tem buscado discutir e oferecer algumas saídas para um problema que não foi pensado especificamente para ser resolvido por ela.

Ao analisar os Juizados Especiais Criminais no Rio de Janeiro, Luiz Werneck destaca que

> "talvez a melhor evidência do novo papel exercido pelo Poder Judiciário, nesse processo que o aproxima da população por meio dos Juizados Especiais, esteja na jurisdição que vem administrando sobre a violência doméstica, especialmente aquela exercida sobre a mulher, significativamente majoritária na autoria de feitos (54,4%). Discriminando-se os tipos de feitos, observa-se que os casos de lesão corporal leve e de ameaça são levados aos Juizados por iniciativa principalmente de mulheres – respectivamente 62,9% e 63,5% dos casos –, os quais, antes da lei nº. 9099/95, se limitavam a conhecer a intervenção e delegacias policiais, em geral mais dedicadas ao acompanhamento de crimes de maior potencial ofensivo e, na melhor das possibilidades, a intervenção da Delegacia Especial de Assistência à Mulher"[11].

Os números acima expostos, embora incompletos e deficitários, como alerta o próprio autor, servem para demonstrar que metade do trabalho desempenhado pelo Jecrim, ao menos no Estado do Rio de Janeiro, refere-se à violência doméstica.

Portanto, se um dos objetivos da lei é garantir o acesso à Justiça faz-se necessário avaliar o impacto da lei nessa conjuntura.

Por fim, ao se tratar da violência contra a mulher e a proteção legislativa nacional, deve-se fazer referência ao Código Penal Brasileiro.

O Código Penal é uma lei federal cuja parte que define os crimes e suas penas é de 1940; portanto reflete o pensamento patriarcal e sexista reinante naquela época, o que se faz sentir principalmente no

---
[11] VIANNA, Luiz Werneck et. al. *A judicialização da política e das relações sociais no Brasil*. Rio de Janeiro: Revan, 1999.

que diz respeito à violência sexual (crime de estupro, atentado violento ao pudor etc.), que pelo Código é vista como crime contra os costumes e não contra a pessoa. A expressão *crimes contra os costumes* vem sendo há muito tempo questionada pelas mulheres, pois esse tipo de violência é dirigida contra a pessoa e não contra os costumes de nossa sociedade. O projeto de reforma do Código Penal que está sendo discutido contempla, de certa forma, essa reivindicação ao chamar os crimes de violência sexual de "crimes contra a dignidade sexual".

O Governo brasileiro tem instituído comissões de especialistas para a reforma do Código e foi elaborado um Anteprojeto de Reforma da Parte Especial do Código Penal, porém ainda não houve o encaminhamento desse trabalho ao Congresso Nacional. Assim sendo, permanecem ainda no Código Penal brasileiro vigente dispositivos que reproduzem a discriminação e o preconceito contra a mulher, contrários ao texto constitucional e aos tratados internacionais de direitos humanos dos quais o Brasil é parte.

Dessa forma, na Parte Geral do Código Penal, o art. 107, VII e VIII, estabelece que, nos crimes contra os costumes (violência sexual), extingue-se a punibilidade se houver o casamento do agente com a vítima ou o casamento da vítima com terceiro, se cometidos sem violência real ou grave ameaça e desde que a ofendida não requeira o prosseguimento do inquérito policial ou da ação penal no prazo de 60 (sessenta) dias a contar da celebração. Ou seja, como o Código Penal vê os crimes de violência sexual como crimes contra os costumes, o casamento da vítima *apagaria a vergonha* do ocorrido, permitindo que sua reputação se restabelecesse por meio do matrimônio. Tais normas não estão baseadas nos princípios da igualdade e no respeito à dignidade da mulher como pessoa, mas na honra da família patriarcal. Os crimes sexuais atingem a integridade física, psíquica e moral da vítima, e o casamento desta com terceiro ou com seu agressor não repara o dano sofrido.

Os artigos agrupados sob o título *Dos Crimes contra os Costumes*, na Parte Especial do Código Penal, tratam, em última análise, da liberdade sexual das mulheres, da possibilidade do exercício de sua sexualidade de forma livre e segura, sem imposições e violência de forma alguma. Entretanto, observa-se nos dispositivos penais discriminação contra a mulher, qualificada como vulnerável, frágil e inocente em diversos momentos.

Vejamos alguns exemplos:

Art. 215. Ter conjunção carnal com mulher honesta, mediante fraude:

Pena – reclusão, de 1 (um) a 3 (três) anos.

Parágrafo único. Se o crime é praticado contra mulher virgem, menor de 18 (dezoito) e maior de 14 (catorze) anos:

Pena – reclusão, de 2 (dois) a 6 (seis) anos.

Art. 216. Induzir mulher honesta, mediante fraude, a praticar ou permitir que com ela se pratique ato libidinoso diverso da conjunção carnal:

Pena – reclusão, de 1 (um) a 2 (dois) anos.

Parágrafo único. Se a ofendida é menor de 18 (dezoito) e maior de 14 (catorze) anos:

Pena – reclusão, de 2 (dois) a 4 (quatro) anos.

Art. 219. Raptar mulher honesta, mediante violência, grave ameaça ou fraude, para fim libidinoso:

Pena – reclusão, de 2 (dois) a 4 (quatro) anos.

Nos artigos mencionados, a discriminação está presente no requisito de *mulher honesta* da vítima para a configuração desses crimes, cuja conotação refere-se ao exercício da sexualidade pela mulher, ou seja, mulher honesta seria aquela que obedece a um padrão sexual de conduta predeterminado pelos homens. Diferentemente, os mesmos conceitos não são aplicados aos casos em que homens e meninos figuram como vítimas.

Dados das delegacias de defesa da mulher da região policial da grande São Paulo, de 1996, mostram que das 1.528 queixas referentes aos crimes contra os costumes, pelo menos 2/3 são de estupro e atentado violento ao pudor.

Nesses crimes a ação penal depende da vontade da vítima para ser iniciada. São crimes que dependem de uma queixa-crime. Isso quer dizer que não basta ir até a delegacia fazer a denúncia e o Boletim de Ocorrência (BO). É preciso procurar um/a advogado/a para encaminhar a queixa-crime ao juiz. Se isso não for feito no prazo de 6 (seis) meses a contar do dia em que se souber quem é o autor do crime, o agressor não poderá mais ser processado. Caso a pessoa não tenha condições financeiras de contratar um/a advogado/a, é o Ministério Público quem inicia a ação penal.

A LEI 9.099/95 E A CRIAÇÃO DO JUIZADO ESPECIAL CRIMINAL

A Constituição Federal de 1988, ao tratar do Poder Judiciário, previu (art. 98, I) que a União, o Distrito Federal, os territórios, e os Estados criassem:

I – juizados especiais, providos por juízes togados, ou togados e leigos, competentes para a conciliação, o julgamento e a execução de causas cíveis de menor complexidade e infrações penais de menor potencial ofensivo, mediante os procedimentos oral e sumaríssimo, permitidos nas hipóteses previstas em lei, a transação e o julgamento de recursos por turmas de juízes de primeiro grau.

Ao comentar os trabalhos que antecederam a promulgação da lei federal que viria a criar os Juizados Especiais Criminais, Ada Pelegrini Grinover ressalta que

> "também avançava a ideia da participação popular na administração da Justiça, em respeito ao princípio democrático do envolvimento do corpo social na solução das lides, que também serve para quebrar o sistema fechado e piramidal da administração da Justiça exclusivamente feita pelos órgãos estatais"[1].

Esse dispositivo constitucional consolidava algumas poucas iniciativas voluntárias existentes de *juizados de pequenas causas*, nos estados brasileiros, determinando, daquele momento em diante, a obrigatoriedade de sua criação e universalização.

Essa reformulação do sistema judicial iria possibilitar a simplificação de procedimentos altamente burocratizados, a despenalização de algumas condutas, já que a transação era expressamente mencionada, e a ampliação do acesso à Justiça por grupos que até então resolviam seus conflitos à margem do sistema. Pensava-se numa forma de justiça mais rápida e efetiva.

É ressaltado por Luiz Flávio Gomes, em artigo que antecedeu a criação dos Juizados Especiais Criminais, que "O movimento de modernização e agilização da Justiça Criminal, especialmente no que concerne às infrações de menor potencial ofensivo, constitui uma legítima preocupação internacional – vide os modernos Códigos de Processo Penal da Itália (1989), Portugal (1987), Alemanha (reforma de 1975) etc. – Muitos juristas e parlamentares nacionais, fazendo eco a tal movimento, vêm lutando há anos para que nossa legislação seja permeada por essas modificações legislativas desburocratizadoras"[2].

---

[1] Ada Pellegrini Grinover et al. *Juizados especiais criminais, comentários à lei 9.099/95*. 3ª ed. ver. e atual. São Paulo: Editora Revista dos Tribunais, 1999, p. 29.

[2] *Projeto de criação dos juizados especiais criminais*. Revista Brasileira de Ciências Criminais, São Paulo, v. 3, n. 9, jan./mar. 1995, p. 279.

Após a promulgação, a lei federal 9.099 de 26 de setembro de 1995, que cria o Juizado Especial Criminal (Jecrim), foi recebida pela comunidade jurídica como um símbolo de uma revolução judicial que estava em marcha. Luiz Vicente Cernicchíaro, Ministro do Superior Tribunal de Justiça, sintetiza aquele entusiasmo quando afirma que a lei 9.099/95 rompeu com o tradicional processo penal e inaugurou um novo sistema. A mencionada lei não se restringiu a introduzir mais um procedimento, mero rito. Ao contrário, a Constituição da República reuniu outros princípios, próprios, para "a conciliação, o julgamento e a execução das infrações penais de menor potencial ofensivo"[3].

Portanto, a criação dos Juizados Especiais Criminais foi saudada pela comunidade jurídica como um avanço dentro do sistema judicial penal, que possibilitaria maior acesso à Justiça para a resolução dos conflitos de natureza penal, quando o crime fosse de menor potencial ofensivo, que acabou sendo definido pela pena máxima de um ano.

A lei 9.099/95 regulamenta não só os Juizados Especiais Criminais (Jecrim), mas também os Cíveis. Aqui será apenas discutido o juizado criminal e de que forma ele tem contribuído ou não para o enfrentamento da violência contra a mulher, em especial a violência doméstica. Ou seja, dentro desse contexto de busca do acesso à Justiça e da eficiência do sistema judicial penal pretendido por essa reforma, em que medida esses objetivos estão sendo alcançados quando se trata de prevenir, punir e erradicar a violência contra a mulher.

A criação dos Juizados Especiais Criminais (Jecrim) insere-se um movimento que tem sido conhecido como direito penal mínimo ou abolicionismo moderado que prega uma redução ou minimização do

---

[3] *Lei 9.099, de 26 de setembro de 1995 – algumas observações*. Revista Brasileira de Ciências Criminais. São Paulo, v. 4, n. 13, jan./mar 1996, p. 121.

sistema penal para a resolução dos conflitos sociais. Na palavra de Luiz Flávio Gomes a clara proposta do abolicionismo moderado, como se vê, não consiste em acabar com o Direito Penal, senão minimizar sua utilização para a resolução dos conflitos penais, não só reduzindo seu âmbito de aplicação (seja impedindo o quanto possível novas 'criminalizações', seja, sobretudo, propugnando por uma ampla descriminalização), senão também a intensidade ou o grau da resposta estatal, especialmente quando se trata da pena de prisão (esse é o processo de despenalização). Do seu programa também faz parte inclusive a desinstitucionalização (e, nesse sentido, guarda certa correspondência com o postulado abolicionista radical) que se dá pela *diversion* (diversificação da reação, transferindo a solução do conflito para instâncias informais). Por fim, nos dias atuais, tendo em conta principalmente a realidade penitenciária brasileira, cabe reivindicar uma ampla descarcerização: trata-se de processo voltado precipuamente para o âmbito do processo penal e consiste em evitar ao máximo o encarceramento cautelar ou processual.

O Direito Penal Mínimo é uma das modernas tendências da política criminal atual e, segundo o autor, em torno dela está se construindo um enorme consenso[4].

Ainda a esse respeito merece destaque a fala da criminologista crítica de Santa Catarina Vera Regina Pereira de Andrade, ao avaliar que nós vivemos do Brasil dos anos 1980 em diante uma aparente ambiguidade, uma aparente contradição em matéria de Políticas Criminais. Nessa contradição, convive um movimento dito minimalista do sistema penal (Direito Penal Mínimo), de abertura do controle penal para a sociedade e de democratização desse controle. E esse

---

[4] *Suspensão condicional do processo penal e a representação nas lesões corporais, sob a perspectiva do novo modelo consensual de justiça criminal.* 2ª ed. atual. e ampl. São Paulo: Editora Revista dos Tribunais. 1997. p. 87.

movimento, dito minimalista, se externa por meio de processos de descriminalização, despenalização, descarcerização e informalização da Justiça Penal. Ao mesmo tempo, convivendo com esse movimento de redução do sistema, nós temos um movimento de fortalecimento e expansão do sistema, que inclui várias demandas, entre elas uma demanda radicalmente criminalizadora, operacionalizada pelos chamados movimentos de *Lei e Ordem*, que encontra na mídia o seu mais poderoso instrumento de difusão[5].

O Juizado Especial Criminal, a partir de sua previsão constitucional no artigo 98, foi criado para julgar as infrações penais de menor potencial ofensivo, mediante os procedimentos oral e sumaríssimo, permitidos, nas hipóteses previstas em lei. Já na redação constitucional se antevê o nítido caráter despenalizador, com a possibilidade expressa de realização da transação penal. A lei 9.099/95 em seu artigo 62 elegeu como um dos princípios dos juizados a reparação dos danos sofridos pela vítima e a *aplicação de pena não privativa de liberdade*, permitindo a composição dos danos civis (artigo. 72 c/ c artigo 74), que será homologado pelo juiz e terá eficácia de título a ser executado no juízo civil competente.

Na análise do tratamento da violência contra a mulher pelo Jecrim estes dois pontos serão da maior importância: a maior participação da vítima no sistema criminal e a possibilidade de imposição de penas alternativas.

O art. 2º da lei 9.099/95 dispõe que o processo orientar-se-á pelos critérios da oralidade, simplicidade, informalidade, economia processual e agilidade, buscando, sempre que possível, a *conciliação* ou a *transação*. Visa-se dessa forma, garantir acesso mais ágil e efetivo

---

[5] *Criminologia e feminismo*. In *Criminologia e feminismo*. Carmen Hein de Campos (erg.). Porto Alegre: Sulina, 1999, p. 107.

à justiça por parte daqueles que, em outras circunstancias, tendo de submeter a resolução de seus conflitos às instâncias tradicionais altamente burocratizadas e morosas, não o fariam.

O Juizado Especial Criminal é formado por juízes togados ou togados e leigos. Os juízes leigos (artigo 73, § único) funcionam como auxiliares da Justiça, recrutados preferencialmente entre bacharéis em Direito, não exercendo, portanto, qualquer função jurisdicional. Os juízes leigos, como o próprio nome diz, não necessitam necessariamente de formação jurídica. Podem ser pessoas comuns da sociedade, o que aumentaria a participação popular na Justiça. Pesquisa empírica realizada no Rio de Janeiro nos Jecrim observou que "a maior parte dos conciliadores, contudo, considera que a Lei 9.099 é boa, mas apresenta falhas", sobretudo por atribuir a eles o papel informal de "conselheiros, psicólogos ou assistentes sociais". Em situações em que o conciliador é mais velho, há alguma tentativa de explicação da lei, antes de ser proposta a transação penal. Mas, em geral, os conciliadores partem diretamente para a aplicação da multa, mesmo sem a presença de um representante do Ministério Público e sem, sequer, ouvir o relato das partes, argumentando que a "agilidade" é o fator primordial do sucesso do Juizado. Segundo o autor, o que acaba acontecendo é que diante desse tipo de condução da audiência, os acusados, mesmo contrariados, raramente deixam de aceitar a pena antecipada de multa, embora não entendam bem o significado daquela operação, ou saem sorrindo da audiência, achando que a causa mais uma vez foi ganha[6].

Essa situação torna-se dramática quando se trata da violência doméstica, pois sabemos que é uma situação que costuma se repetir e na qual vítima e agressor dividem o mesmo espaço físico.

---

[6] Vianna, Luiz Werneck et al. *A judicialização da política e das relações sociais no Brasil*. Rio de Janeiro: Revan, 1999, p. 223.

Nesse caso, a percepção do agressor ao sair do Jecrim é que o espancamento é permitido: basta que ele *pague o preço*. Mais uma vez os princípios orientadores da lei distanciam-se de sua aplicação prática e acaba importando nos Juizados resolver o processo, e não o conflito. A vítima, que deveria encontrar maior satisfação e respaldo nesse sistema, sai absolutamente frustrada com a forma trivial e banal de tratamento de seu conflito, de sua agressão. Para ela, não se fez justiça. Para ela, a justiça foi negada, quando procurou o Estado para punir seu agressor.

O Juizado Especial Criminal tem competência, isto é, pode conciliar, julgar e executar as chamadas infrações de menor potencial ofensivo. Algumas circunstâncias poderão deslocar o julgamento do caso para a Justiça Comum, como o fato de o acusado não ser encontrado para ser citado, ou devido à complexidade do caso ou mesmo por já ter se beneficiado da transação penal prevista na lei dentro de um período de cinco anos.

Mas o que vêm a ser *infrações penais de menor potencial ofensivo*? São infrações penais que, a partir do critério objetivo de pena máxima de um ano, foram consideradas pela lei de menor gravidade. Por essa razão, outras soluções são buscadas para a solução do conflito, que não a privação de liberdade, que não a pena de prisão. Assim, a lei possibilitou para esses casos a conciliação, a transação, a reparação do dano etc. O critério objetivo para classificar um crime como sendo de menor potencial ofensivo é a pena prevista na descrição do tipo, ou seja, são de menor potencial ofensivo aqueles crimes cuja pena máxima não é superior a um ano. Também entram nessa categoria as contravenções penais, situações que, embora não configurem crime são evitadas pela Justiça, pois podem facilitar ou servir de meio para a ocorrência de situação criminosa.

Ao analisar a lei 9.099/95 e sua aplicação à violência doméstica, Leda Hermann[7] entendeu que há um tratamento linear e trivialização por parte da lei ao mensurar a lesividade potencial de um delito pelo *quantum* da pena fixada, quando os conflitos apresentam uma diversidade significativa, resultando daí a trivialização no tratamento de situações conflituosas cuja repercussão social é intensa; situações que muitas vezes exigem uma abordagem específica – e especial.

Então basta pegar o Código Penal e ver na previsão da pena aqueles crimes que tenham pena máxima não superior a um ano. Essa lista inclui lesão corporal dolosa de natureza leve e culposa, ameaça, rixa, constrangimento ilegal, omissão de socorro, maus-tratos, violação de domicílio e de correspondência, apropriação indébita, entre outros. Já as contravenções penais são todas (porte de arma, vias de fato, perturbação do trabalho ou do sossego alheio, embriaguez etc.).

Sem sombra de dúvida, o que mais leva a mulher a procurar uma Delegacia de Defesa da Mulher (DDM) em nível nacional, são as agressões físicas e as ameaças, conforme a pesquisa nacional realizada pelo Conselho Nacional dos Direitos da Mulher.

Como é possível perceber, a violência física é uma das modalidades de violência que mais atinge a mulher e muitas vezes é praticada por alguém muito próximo: marido, namorado, companheiro etc., em quem a princípio ela poderia confiar. Infelizmente, a violência acaba fazendo parte do dia a dia, de um ciclo muito difícil de ser rompido.

Essas agressões físicas, que podem deixar muitas marcas, visíveis ou não, são consideradas pelo Código Penal do tipo "lesão corporal". A lesão corporal consiste em ofender a integridade corporal

---

[7] Violência doméstica, a dor que a lei esqueceu – comentários à lei 9.099/95. Campinas: CEL-LEX Editora, 2000, p. 130 e segs.

ou a saúde de alguém, e pode ser leve, de natureza grave, gravíssima e até resultar em morte.

Apenas vão para o Juizado Especial Criminal as lesões corporais dolosas – isto é, com intenção – de natureza leve e as lesões culposas. As lesões corporais leves têm pena de três meses a um ano. Ocorre lesão corporal culposa quando não houve a intenção do agente de provocá-la, ou seja, decorre de um acidente, de circunstâncias alheias à vontade daquele que causou o dano.

Como diferenciar uma lesão corporal de natureza leve da grave e da gravíssima? As lesões corporais de natureza grave são aquelas agressões físicas que tiram a mulher de seus afazeres habituais por mais de 30 dias, constituem perigo de vida, provocam a debilidade de um membro de seu corpo, sentido ou função, ou provocam aceleração de parto. Nesses casos a pena é de um a cinco anos, portanto não se sujeitam aos Juizados Especiais Criminais. É lesão corporal gravíssima aquela que resulta incapacidade permanente para o trabalho, enfermidade incurável, perda ou inutilização de membro, sentido ou função, deformidade permanente ou aborto. Nesses casos a pena é de dois a oito anos. Por fim, temos a lesão corporal seguida de morte, que tem pena de quatro a doze anos e que também não é julgada pelo Juizado.

Esse é um ponto importante que deve passar a ser trabalhado pelas delegacias de polícia que atenderem a esses casos, pois em virtude dessas diferenças em relação à lesão corporal, deve-se estar atento para que não ocorra uma classificação errada da lesão corporal ocorrida, pois, como visto, nem todas são julgadas pelo Juizado Especial Criminal. Para tanto, é recomendável a realização do *exame de corpo de delito* no Instituto Médico Legal.

O tratamento dado pelo Código Penal às lesões corporais causa perplexidade quando relacionado à violência doméstica.

Há, em nosso entendimento, um enorme descompasso entre o que seja lesão corporal de natureza leve, sujeita ao Jecrim, e as lesões corporais graves e gravíssimas, que não estão sujeitas ao Jecrim.

Observe-se que só é considerada grave a lesão que tira a mulher dos seus afazeres habituais por mais de 30 dias (pena de um a cinco anos). Um espancamento com sérias consequências, a ponto de afastar a mulher de suas ocupações habituais por 20 dias, por exemplo, é considerado uma lesão corporal leve sujeita ao Jecrim, que tem sido absolutamente falho no trato da violência doméstica. Poucos se debruçam sobre essa classificação e até mesmos estudos feministas não têm feito essa crítica.

A crítica de Lenio Luiz Streck é contundente ao afirmar que

> "com o Juizado Especial Criminal, o Estado sai cada vez mais das relações sociais. No fundo, institucionalizou-se a 'surra doméstica' com a transformação do delito de lesões corporais de ação penal pública incondicionada para ação pública condicionada. Mais do que isso, a nova Lei dos Juizados permite agora o 'duelo nos limites das lesões', eis que não interfere na contenda entre as pessoas, desde que os ferimentos não ultrapassem as lesões leves (que, como se sabe, pelas exigências do art. 129 e seus parágrafos, podem não ser tão leves assim). O Estado assiste de camarote e diz: batam-se, que eu não tenho nada com isso. É o neoliberalismo no Direito, agravando a própria crise da denominada 'teoria do bem jurídico', própria do modelo liberal individualista de Direito"[8].

Na verdade, a previsão do requisito da representação para que o agressor seja processado, juntamente com a possibilidade de composição civil dos danos, visa à valorização da palavra, da vontade e

---

[8] *Criminologia e Feminismo*. Carmen Hein de Campos (org.) Porto Alegre: Sulina, 1999, p. 94.

da autonomia da vítima nesse tipo de conflito. Porém, no tocante às lesões corporais, o reflexo da classificação do Código Penal já se faz sentir na atuação dos Juizados Especiais, ou seja, somou-se o problema da má atuação dos Juizados na violência doméstica com a classificação deficiente do crime de lesão corporal pelo Código Penal. A vítima não tem sido adequadamente ouvida, informada, esclarecida a respeito do rito, do procedimento, e as penas que têm sido aplicadas quase que estimulam novas agressões.

Some-se a isso que não houve, pelo menos no estado de São Paulo, treinamento adequado dos órgãos policiais encarregados de fazer o primeiro atendimento dessas denúncias, por meio da elaboração do *termo circunstanciado*, que, no entendimento de alguns, seria um Boletim de Ocorrência simplificado, o que absolutamente não pode prevalecer, pois o cuidado no preenchimento e a riqueza de detalhes são imprescindíveis para dimensionar o conflito e servir de parâmetro para a conciliação, transação penal ou eventual imposição de pena restritiva de direito.

O processo no Juizado deve atender a alguns critérios, pois a finalidade é prestar um atendimento mais rápido às vítimas e àqueles que se socorrem de uma solução oficial para os seus conflitos. Dessa forma, deve ser um processo que privilegie a oralidade, a informalidade, a economia processual e a celeridade, objetivando a reparação dos danos sofridos pela vítima e a aplicação de pena que não seja de prisão.

Seguindo determinação dessa nova lei, quando é feita a denúncia da violência na delegacia de polícia, é feito o chamado *termo circunstanciado* em substituição ao tradicional Boletim de Ocorrência. Nesse documento deve ser feito um relato detalhado do ocorrido, com identificação do autor, da vítima, e nome de possíveis testemunhas, providenciando-se as requisições de exames periciais necessários e seu encaminhamento diretamente ao Juizado, com o autor do fato e a vítima.

Nesse ponto há mais um descompasso entre a letra da lei e a realidade, primeiramente porque os Jecrim não funcionam vinte e quatro horas, como funcionam as delegacias de polícia, e também porque as próprias delegacias não têm estrutura material e humana (viaturas e policiais) para imediatamente levar o termo circunstanciado, a vítima e o agente ao Juizado. Nesse sentido toma-se interessante a proposta de criação de unidades de delegacias de polícia dentro dos próprios Juizados Especiais Criminais.

No Juizado é feita uma audiência preliminar, para ouvir a vítima e o agressor, que deverão comparecer acompanhados de seus advogados/as, ou deverão solicitar ao Juiz que nomeie um/a defensor/a público/a. É absolutamente necessário e um direito, em nosso entendimento, ser assistida/o juridicamente diante das múltiplas possibilidades dentro do procedimento do Jecrim, para estar muito bem informado/a de todas as consequências da aplicação dessa lei. Nessa audiência preliminar tentar-se-á a conciliação, ou seja, a composição dos danos civis por meio de uma indenização, feita pelo Juiz ou pelo Conciliador sob sua orientação (artigo 73), que preferencialmente será um bacharel em direito. Nessa audiência a lei exige a presença do Ministério Público (art. 72).

Caso haja um acordo, o processo se encerra nesse momento. Dessa forma, nada constará nos registros do agressor e caso a agressão se repita, novo acordo e nova indenização poderão ser determinados, e assim sucessivamente. A busca da conciliação deve ser vista como alternativa aos dissabores de um processo criminal e é, sem sombra de dúvidas, salutar, não só para o próprio réu, como também para a vítima. O réu terá a possibilidade de não se ver processado criminalmente, ônus bastante pesado, especialmente para os criminosos ocasionais. Já a vítima, que é verdadeiramente castigada em nosso processo clássico (desde a espera nas delegacias de polícia, sempre abarrotadas de serviços e pessoas a serem atendidas, passando pelas idas e vindas das audiências, até o final do processo, em que tudo que lhe resta é um título executivo a ser posteriormente executado no juízo civil), agora, com a conciliação, terá à sua disposição uma forma mais rápida e efetiva de reparação dos danos. Como consequência, é maior a credibilidade na Justiça[9]. Entretanto, essa conciliação, quando aplicada sucessiva e indiscriminadamente aos casos de violência doméstica, acaba por gerar o que o movimento de mulheres tem visto como banalização da violência, pois, considerando que as situações de violência doméstica contra a mulher se dão num contexto de idas e vindas e de sucessivas e intermitentes agressões, o agente, em tese, teria um preço fixado pelo Estado para continuar batendo livremente em sua companheira. Se ele tiver algum poder econômico, tanto melhor.

Caso a mulher não concorde com essa reparação civil, ela deverá expressamente manifestar sua vontade de que o caso prossiga, nos crimes que dependam de representação. Importante inovação diz respeito à necessidade de representação para os crimes de lesão corporal, já mencionados acima, sendo o maior responsável estatisticamente pela procura do sistema penal pela mulher vítima de violência. Nos crimes sujeitos ao Juizado, essa representação poderá ser feita verbalmente na audiência. Caso não seja feita em audiência poderá ser feita pela vítima até seis meses

---

[9] Podval, Roberto – *Leis Penais Especiais e sua Interpretação jurisprudencial*. vol. 2. 6ª ed. ver. atual. São Paulo: Editora Revista dos Tribunais, 1997 p.1788.

depois de saber quem é o autor da infração penal, ou após trinta dias da data em que for notificada para fazê-la.

Quando houver acordo civil de reparação do dano, a homologação, a aceitação do acordo, implica a renúncia de prosseguir com o processo. Ou seja, a mulher-vítima não poderá mais apresentar a representação.

Não sendo obtida a composição dos danos civis na audiência preliminar, caberá a aplicação imediata da pena restritiva de direitos ou multa a ser especifica da na proposta formulada pelo Ministério Público. Trata-se da transação penal, outro instituto despenalizador, dentro do espírito da lei de evitar a pena privativa de liberdade. O fato de o agressor ter reparado o dano civilmente (arrependimento posterior) será levado em conta pelo Ministério Público, nesse momento, para propor uma pena menos grave. A pena é sempre a aplicação de pena restritiva de direitos ou de multa. Note que não há pena de privação de liberdade, ou seja, de encarceramento numa prisão. As penas restritivas de direitos consistem em prestação de serviços à comunidade ou em limitações impostas ao agressor nos fins de semana, como não sair de casa, voltar em certos horários etc., ou ainda em limitação temporária de certos direitos.

As conclusões do VI e VII Encontros Nacionais de Coordenadores de Juizados Especiais, ocorridos em novembro de 1999 e maio de 2000, respectivamente, apontaram em seus enunciados que nos casos de violência doméstica, a transação penal e a suspensão do processo deverão conter preferencialmente medidas socioeducativas, entre elas acompanhamento psicossocial e palestras, visando a reeducação do infrator. E havendo situação de perigo para a vítima mulher ou criança, poderá o juiz do juizado especial criminal determinar o afastamento do agressor, com base nos artigos 6º ou 89, II, da lei 8.099/1995. Também deliberaram sugerir que os Tribunais de Justiça e os juízes tomem as medidas necessárias para que a prestação social alternativa sempre tenha caráter pedagógico, evitando-se a sua banalização, e que para viabilizar a correta aplicação de penas alternativas, que os Jecrim contem com equipe multidisciplinar de apoio psicossocial. Esses são reflexos da luta do movimento de mulheres para que a violência contra a mulher seja devidamente punida pelos Jecrim.

Para que essas penas sejam aplicadas é necessário que o agressor concorde. Nessa fase não importa mais a vontade da vítima. Entretanto, essa pena será registrada, e, se houver uma nova agressão, o agressor não poderá ser mais beneficiado com esse tipo de pena pelo prazo de cinco anos (art. 76 e parágrafos).

A lei 9.099/95 criou um novo procedimento para esses crimes, que pretende ser mais ágil, informal e oral, facilitando a conciliação, a transação, evitando ao máximo a aplicação de penas privativas de liberdade e facilitando a reparação dos danos sofridos pela vítima. Com isso espera-se que a Justiça Penal seja capaz de dar uma resposta mais rápida e eficaz para a sociedade e para a pessoa que foi ofendida. Como se vê, a lei tem por finalidade contribuir para a efetivação do acesso à justiça na área criminal.

Entretanto, no que se refere à violência praticada contra a mulher, a aplicação da lei não tem contribuído para a sua punição. Tem ocorrido com bastante frequência a condenação do agressor ao pagamento de cestas básicas para entidades assistenciais ou de uma pequena multa em dinheiro, sem que isso tenha qualquer relação com o ocorrido, o que banaliza a violência sofrida pela mulher. A lei permite outras formas de pena que tenham caráter pedagógico, como foi observado nos dois Encontros Nacionais dos Coordenadores dos Juizados Especiais, e que possam servir para evitar novas agressões.

A conciliação, a transação penal e a imposição das penas alternativas não podem privilegiar apenas o término rápido do processo, pois a finalidade da lei foi também a de cuidar do conflito, dispensando atenção à vítima de forma inédita no Direito Penal Brasileiro.

Observa-se claramente que dentro dessa nova realidade, os operadores do direito não estão habilitados para atuar nos casos que envolvem violência contra a mulher.

Dessa forma, sem que haja a devida capacitação desses operadores, a lei 9.099/95 estará sendo não um meio de acesso, mas um obstáculo ao acesso à justiça pela mulher vítima de violência.

Ademais, também se observa por parte dos operadores do Direito uma aplicação completamente burocratizada da nova lei, na qual a finalidade primeira é o término da solução processual. As penas alternativas são aplicadas de forma completamente acrítica, desvinculada do conflito penal, sem que se busquem soluções mais criativas e adequadas com a prevenção, punição e erradicação da violência contra a mulher.

Em decorrência desses vários fatores de má aplicação da lei aos casos que envolvem violência contra a mulher, e considerando que os Jecrim têm basicamente atendido esses casos é que recentemente integrantes do movimento social das mulheres propuseram ao tribunal de Justiça do estado de São Paulo a criação do *Juizado Especial para Crimes de Violência de Gênero*.

Enfim, é preciso o afetivo envolvimento e comprometimento do Estado e da sociedade para que uma agressão física que faz parte de um círculo vicioso de violência seja estancada.

POLÍTICAS PÚBLICAS: INICIATIVAS DA SOCIEDADE CIVIL E DO ESTADO

No decorrer da década de mil novecentos e oitenta, a característica que marcou o combate à violência contra as mulheres foi a denúncia. As feministas foram às ruas manifestar-se contra a dominação masculina e suas consequências. Foi um estímulo para as mulheres espancadas mostrarem seus hematomas e o rosto marcado pela violência de gênero. Foram denunciados os assassinatos de mulheres e a absolvição dos culpados sob a alegação de "legítima defesa da honra", mantendo-se, contudo, a impunidade. Os movimentos feministas lançaram o *slogan* "Quem ama, não mata!". Criaram serviços voluntários e autônomos de apoio jurídico, psicológico e social às vítimas por meio dos SOS-Mulher e Centros de Defesa. Perceberam o quanto as mulheres intimidadas se silenciavam diante das agressões, espancamentos, humilhações e ameaças, por medo, por falta de apoio. Organizaram a campanha: "O Silêncio é Cúmplice da Violência!". Em seguida, o poder público criou o primeiro órgão voltado para tratar de políticas específicas para as mulheres, o Conselho Estadual da Condição Feminina, em 1983, que impulsionou o Estado a reconhecer a discriminação e a violência de gênero. A delegacia da mulher foi criada (1985), e deu uma imensa visibilidade à demanda reprimida até então. Foi criado o Conselho Nacional dos Direitos das Mulheres pela Lei nº 7.353 de 29/08/1985, um órgão consultivo e sem caráter executivo, com o objetivo de promover políticas públicas, em âmbito nacional, para eliminar todas as formas de discriminação contra a mulher, construindo condições de igualdade de direitos para o pleno exercício da cidadania. Em São Paulo foi criado o Coje – Centro de Orientação e Encaminhamento da Mulher (1984), que visava oferecer um serviço de atendimento multidisciplinar (Jurídico, psicológico e social). O Brasil assinou, com reservas, a Convenção para a Eliminação de Todas as Formas de Discriminação contra a Mulher. Paralelamente a isso, feministas da área da saúde pública articularam e elaboraram junto ao Ministério de Saúde o Programa de Assistência Integral à Saúde da Mulher – PAISM, que considera as necessidades físicas e mentais das mulheres em todas as fases da vida. Em 1986 foi criada a primeira casa-abrigo. Embora longe de corresponder aos modelos ideais, foi uma iniciativa promissora.

A campanha nacional para mobilizar mulheres e toda a opinião pública para defender uma Constituição democrática que, de fato, reconhecesse os direitos da população feminina foi desencadeada pelo Conselho Nacional de Direitos das Mulheres com a participação de entidades populares, sindicais, feministas e dos demais conselhos de mulheres. Ela tomou conta das agendas dos movimentos feministas e de mulheres nos anos 1987 e 1988. O esforço foi compensado. Foram conquistados direitos históricos: caiu a figura do chefe da sociedade conjugal e foi reconhecida a igualdade de direitos entre mulheres e homens no casamento; a licença-maternidade ampliou-se para 120 dias e a licença-paternidade foi uma conquista inovadora na busca da igualdade de direitos, condições e oportunidades. O aborto não foi criminalizado como queriam representantes religiosos e outros conservadores. A Constituição Federal de 1988 inovou quando reconheceu a necessidade de o Estado coibir a violência ocorrida no âmbito familiar.

Em São Paulo e Rio de Janeiro, a Lei Orgânica Municipal, elaborada em 1990, obriga essas cidades a criarem abrigos temporários para as mulheres ameaçadas de morte por seus maridos/companheiros ou ex-maridos.

Em nível municipal, também foram criados alguns centros de referência de atendimento às mulheres em situação de violência.

O estado de São Paulo é obrigado, conforme sua Constituição (1989) a criar abrigos e programas especiais para as mulheres, crianças e demais pessoas vítimas da violência (art. 278 da Constituição Estadual).

O tema feminismo passou a ser estudado em algumas áreas da universidade por meio da categoria de gênero. Passou-se a produzir pesquisas, estudos e reflexões sobre violência, saúde, direitos reprodutivos e outros temas correlatos.

A instalação da CPI – Comissão Parlamentar de Inquérito – em 1992 mostrou pela primeira vez números da violência em âmbito nacional. A compilação dos dados colhidos no período compreendido entre janeiro de 1991 e agosto de 1992, informou que foram registradas 205.219 agressões contra as mulheres nas delegacias especializadas.

Em março de 1993, no I Encontro de Entidades Populares de Combate à Violência contra a Mulher, em Santos (SP), que reuniu 75 entidades, foi aprovada a Campanha "A Impunidade é Cúmplice da Violência".

O Brasil é um dos poucos países do continente que não conta ainda com uma legislação específica sobre violência de gênero. Existem divergências quanto à criação de uma lei sobre o tema dentro do próprio movimento feminista. Há aquelas que a defendem sob a alegação de que reforçaria o reconhecimento da violência de gênero pelo Estado e há outras que preferem apostar na reforma do Código Penal, que deverá tratar de qualquer tipo de violência, inclusive a de gênero, buscando medidas alternativas no lugar de repressão penal. Nós compartilhamos da ideia de que mesmo com a inclusão de medidas alternativas, uma legislação especial é necessária, dada a complexidade do fenômeno, que não deveria ser tratado de maneira dispersa no Código Penal Geral.

Há lutas feministas que podemos chamar de mais frequentes: a que defende a tipificação dos crimes de violência sexual, como crimes contra a pessoa, e a descriminalização ou despenalização do aborto praticado pelas mulheres ou por outra pessoa com o seu consentimento.

O grande avanço foi o reconhecimento dos direitos humanos das mulheres, que se deu na Conferência Mundial de Direitos Humanos ocorrida em Viena, em 1993, num processo de mobilização das mulheres, que recolheram assinaturas, chamando a atenção da opinião pública mundial.

Em 1995 foi promulgada a Lei 9.099, que cria o Juizado Especial Criminal, tema tratado em capítulo à parte. Foi ratificada pelo Estado brasileiro a Convenção para Prevenir, Punir e Erradicar a Violência contra a Mulher, mais conhecida como "Convenção de Belém do Pará".

Em 1996 foi elaborado o Programa Nacional de Prevenção e Combate à Violência Doméstica e Sexual pelo Conselho Nacional dos Direitos da Mulher, e sua execução só começou a ser colocada em prática em 1998 por falta de capacidade técnica operativa do órgão, o que indica um descaso por parte do Estado às reivindicações feministas.

Esse Programa, por sua vez, faz parte do Programa Nacional de Direitos Humanos da Secretaria Nacional dos Direitos Humanos do Ministério da Justiça, criado em 1996. Está integrado também às Estratégias de Igualdade, promulgadas pelo Conselho, no bojo dos compromissos assumidos pelo Brasil na IV Conferência Mundial sobre a Mulher (Beijing, China, setembro de 1995).

Nos anos de 1997, 1998 e 1999, foi proposta a construção de quinze casas-abrigo em todo o território nacional.

O Instituto Brasileiro de Geografia e Estatística – IBGE – e a Subsecretaria de Pesquisa e Cidadania da Secretaria de Segurança do Rio de Janeiro realizaram uma pesquisa-piloto. Foram entrevistadas 57.755 pessoas em um bairro do Rio de Janeiro. Os dados divulgados apontam que apenas 6,6% das mulheres vitimadas procuram uma delegacia especial de atendimento à mulher, por considerarem os conflitos de "âmbito privado" (1999).

O Código Civil brasileiro foi reformado, sancionado e publicado em 10 de janeiro de 2002 (ver capítulo sobre a legislação).

Nos últimos anos tem havido grande apelo para que a violência de gênero seja reconhecida também como um problema de saúde pública, pois nessa área ainda tem sido tratada como assunto marginal, alheio aos requisitos de diagnóstico e tratamento. Levando em consideração que a questão não pode se restringir a apenas um ou alguns setores, o movimento feminista tem mostrado o quanto afeta a saúde das mulheres a situação de violência (ver capítulo sobre o assunto). No entanto, não se perdeu de vista que o problema da violência de gênero é uma violação dos direitos humanos e envolve as áreas da segurança pública, da justiça, da educação, de diversos serviços sociais, da economia, da política, da habitação, etc. Hoje existe um consenso entre diferentes setores da sociedade de que a violência de gênero deve ser encarada de maneira multidisciplinar.

O Ministério da Saúde criou a norma técnica para orientação no atendimento dos casos de violência sexual (ver capítulos do estupro e da saúde pública).

Existe a proposta de criar uma rede de casas-abrigo no território brasileiro, o que não foi ainda efetivado por falta de recursos financeiros.

Em 1998, o Cladem – Comitê Latino-Americano e do Caribe para a Defesa dos Direitos da Mulher – desenvolveu a campanha "Sem as mulheres, os direitos não são humanos" por ocasião do cinquentenário da Declaração Universal dos Direitos Humanos. Essa iniciativa aponta para a necessidade de ter a perspectiva de gênero na atual Declaração, incluindo, por exemplo, os direitos sexuais e reprodutivos. O governo brasileiro lançou a campanha: "Viver sem Violência é um Direito Nosso".

O custo social da violência representava no Brasil, em 1995, 21% do PIB – Produto Interno Bruto. Não há estimativa do que se gasta com violência de gênero. Não há conhecimento do valor econômico dos recursos internacionais canalizados para ações de combate à violência contra as mulheres. Segundo dados da Agência Brasileira de Cooperação, em 1999 havia 280 projetos de cooperação técnica multilateral e aproximadamente 120 atividades de caráter pontual.

Estima-se que foram usados US$ 90,8 milhões em consultarias de alto nível, para capacitação/treinamento de técnicos brasileiros, além de doação de equipamentos de alta tecnologia.

Um estudo do Banco Interamericano de Desenvolvimento (BID), divulgado em 1997, estima que os custos de violência na América Latina representam 14,29% do PIB dos países da região, o que significa o valor de US$ 168.000.000,00. O Brasil é o mais afetado pelo problema. Suas perdas contabilizam US$ 84.000.000,00 ou 10,5% do PIB[1].

O governo federal assinou o repasse de recursos no valor de US$ 350.000,00 em 1998 e US$ 430.000,00 em 1999 para o estabelecimento de casas-abrigo em alguns estados.

Do ponto de vista econômico, o não investimento em ações de prevenção e erradicação da violência tem altos custos para o Estado e a sociedade. O mesmo estudo do BID aponta que um em cada cinco dias de falta no trabalho é decorrente da violência sofrida pelas mulheres em casa.

Em 1999, o Ministério da Justiça mobilizou os seguintes recursos para ações de combate à violência intrafamiliar: US$ 50.800,00 para o projeto de assistência legal e orientação psicológica para mulheres negras vítimas de violência sob responsabilidade do Instituto da Mulher Negra – Geledés; US$ 14.686,00 para o Ministério Público do Estado da Paraíba; US$ 24.638,00 para o Governo do Estado do Acre, para atividades vinculadas à educação e US$ 8.345,00 para a ONG Maria Mulher/SOS.

---

[1] *Sistemas Públicos contra a Violência Doméstica na América Latina – Um estudo regional comparado*. GESO – *Gênero e Sociedade*, San José, Costa Rica, julho/2000.

As mais recentes propostas de reforma do Código Penal consideraram o estupro e o atentado violento ao pudor como crimes contra a pessoa em substituição aos "crimes contra os costumes". Propõe-se a ampliação do aborto legal.

As delegacias da mulher no estado de São Paulo, criadas pela Lei nº 5.467, de 24 de dezembro de 1986, a partir do Decreto nº 42.082 de 1º de março de 1996, passaram a ter as seguintes atribuições:

I – investigação e apuração dos delitos contra a pessoa do sexo feminino, crianças e adolescentes, de acordo com diversos artigos do Código Penal e do Estatuto da Criança e do Adolescente;

II – atender, orientar e encaminhar as pessoas do sexo feminino, crianças e adolescentes;

III – cumprimento dos mandados de prisão civil por dívida do responsável pelo inadimplemento voluntário e inescusável de obrigação alimentícia;

Parágrafo 1º – No tocante aos artigos 121 (homicídio) e 163 (danos) do Código Penal, a competência (da delegacia da mulher) se restringe às ocorrências havidas no âmbito doméstico e de autoria conhecida.

Parágrafo 2º – as atribuições previstas nos incisos I e III serão exercidas concorrentemente com as demais unidades policiais.

As ONGs de mulheres têm envidado esforços para propor, acompanhar e controlar a implantação de políticas públicas em diversas áreas de atuação e inclusive no combate à violência de gênero, que articulam convênios com órgãos governamentais ou outras instituições para desenvolver projetos de atendimento, formação ou de capacitação, como o das Promotoras Legais Populares, no qual mulheres aprendem sobre as leis e os mecanismos jurídicos que possam facilitar o acesso à Justiça, além de oferecer atendimento multidisciplinar para mulheres em situação de violência e seminários e debates sobre a importância do reconhecimento de seus direitos.

Recentemente, em novembro de 2001, o Brasil ratificou o Protocolo Facultativo da Convenção para Eliminação de Todas as Formas de Discriminação contra a Mulher, adotado pelas Nações Unidas. Assim as próprias mulheres, individualmente ou em grupo, poderão encaminhar denúncias de discriminação para o Comitê das Nações Unidas, quando o Estado brasileiro não der uma solução satisfatória.

A bancada feminina do Congresso Nacional, em comemoração ao Dia Internacional pela Eliminação da Violência contra a Mulher – 25 de novembro, articulou a aprovação dos seguintes projetos de lei: o que autoriza a criação do disque-denúncia de violência contra a mulher (PL 2.279/99); o que dispõe sobre o afastamento do agressor da habitação familiar (PL 2372-00); o que estabelece a notificação compulsória da violência contra a mulher atendida em serviço de urgência e emergência (PL 4.493/00).

As mulheres reuniram documento[2] que indica uma série de recomendações para erradicar a violência de gênero, dentre as quais destacamos: aprovação e garantia de repasse dos recursos previstos na Lei de Diretrizes Orçamentárias e no Orçamento Anual da União para políticas, programas e ações que visem prevenir e eliminar a violência contra as mulheres e meninas; criação e/ou manutenção de uma rede nacional de centros de atendimento

---

[2] *Políticas públicas para as mulheres – cinco anos após Bejing*. Articulação de Mulheres Brasileiras, Brasília, 2000.

integrado às mulheres em situação de violência, cobrindo as zonas rurais e urbanas e contando com profissionais especializados e capacitados para o atendimento jurídico, psicológico e social das mulheres e crianças; criação, em todos os estados, de Núcleos de Defensoria Pública específicos para as mulheres; estabelecimento de uma política de estimulo para o desenvolvimento de estudos e pesquisas sobre as causas da violência de gênero, bem como para a elaboração de instrumentos de avaliação e monitoramento dos objetivos estratégicos da Plataforma de Ação de Beijing; criação de um sistema nacional de dados sobre violência com recorte de gênero, raça/etnia, nível de renda e educacional, ocupação; introdução de estudos de violência de gênero nos cursos universitários regulares.

Em São Paulo, reivindicaram a criação de um Juizado Especial para os Crimes de Violência de Gênero, de maneira a forçar o Judiciário a adequar-se melhor ao atendimento dos casos específicos. Esse juizado é bastante viável, não dependendo de nenhuma nova lei, pois a lei estadual nº 851/98, que cria o Jecrim (Juizado Especial e Cível) no estado de São Paulo, permite a criação de juizados especiais.

Esse Juizado deve ter atuação permanente, com autoridades e instalações judiciais adequadas, profissionais de saúde física e mental, bem como assistentes sociais, compondo-se assim de uma equipe multidisciplinar, preparada para encaminhar e superar o litígio doméstico sem aviltamento da personalidade feminina. Junto a esse Juizado deverá ser criado um conselho consultivo para o acompanhamento de sua implementação e funcionamento, composto de especialistas na questão de violência de gênero, provenientes tanto do Estado como da sociedade civil.

As dificuldades para responder com políticas efetivas são muitas, pois os órgãos governamentais estão precariamente estruturados, sem condições de propor e monitorar ações efetivas.

Somente em dois estados brasileiros, Rio de Janeiro e Ceará, existem núcleos da defensoria pública (órgão que oferece atendimento jurídico gratuito) para o atendimento à mulher.

O fato de o Brasil ser signatário de vários tratados e convenções que asseguram os direitos humanos das mulheres não garante, na prática, que essas leis sejam aplicadas.

A atenção às pessoas em situação de violência tem sido feita de modo fragmentado, pontual ou setorial. Não existe um serviço capaz de atender de maneira integral, que acolha e oriente sobre os procedimentos necessários nos diferentes âmbitos: saúde, justiça, segurança, educação, social, entre outros.

De um modo geral, a pessoa vitimada necessita desses vários tipos de atendimento e se vê obrigada a seguir caminhos desencontrados, frutos de um processo desarticulado e desinformado dos próprios serviços. Assim, um atendimento tão desarticulado, em vez de representar um alívio, pode transformar-se num castigo adicional.

As primeiras políticas públicas adotadas para enfrentar a violência de gênero nasceram sob o enfoque criminalístico tradicional, reproduzindo procedimentos existentes sem considerar as relações de gênero, raça/etnia que contextualizam as situações conflituosas entre homens e mulheres. Todo o atendimento tem se preocupado mais com o crime e suas provas cabais do que com as pessoas envolvidas, que passam a ter importância secundária. Setores como educação, saúde e assistência social passam ao largo da violência contra as mulheres, da compreensão das relações desiguais de gênero, raça/etnia e suas implicações na execução satisfatória das ações políticas.

Os setores policiais e judiciário reclamam que as mulheres voltam atrás em suas queixas para continuar ou reatar a convivência com seus agressores. São claras as evidências do despreparo desses setores para lidar com a violência de gênero. Reforça-se assim a discriminação contra a mulher. Esses serviços, de um modo geral, deviam estar preparados para ajudar a mulher a tomar uma decisão madura, autônoma, de maneira a retomar sua vida em condições mais adequadas. Dito em outras palavras, é preciso oferecer às mulheres em situação de violência oportunidades que elas não tiveram antes na vida, respeitando-as e tratando-as com dignidade, e buscando corrigir a desigualdade de gênero. O passo fundamental que pode fazer brotar novas perspectivas para a humanidade são os investimentos nas ações de prevenção e educação, que capacitam cidadãs e cidadãos para mudar, de fato, mentalidades e comportamentos.

CONCLUSÃO

A violência contra as mulheres, reconhecida como violência de gênero, tem tido nos últimos anos visibilidade suficiente para impedir que qualquer pessoa medianamente informada alegue desconhecê-la.

Ao lado de sua visibilidade e do avanço conquistado – graças ao empenho dos movimentos feministas, em particular nas três últimas décadas –, a violência de gênero tem sido banalizada pelo poder público e pela sociedade em geral, relegada a plano secundário num contexto geral de crescimento alarmante da violência urbana.

É preciso entender que a erradicação da violência social, política, econômica e inclusive urbana exige necessariamente o fim da violência de gênero. Esta é a primeira violência com a qual o ser humano toma contato e conhecimento, dando origem às demais. É na infância que vamos aprender a bater e/ou apanhar, a desempenharmos o papel de agressor ou de vítima.

Segundo Maria Angélica Fauné[1], as raízes da violência são mais profundas e estão no machismo, que está arraigado na cultura centro-americana. Para o machismo, a violência constitui um valor positivo, um componente central na construção da identidade masculina, cujos atributos são a dureza, a força, a agressividade.

A violência contra as mulheres não pode continuar a ser aceita e tolerada como algo inerente ao ser humano, como característica das relações naturais entre pessoas do sexo feminino e masculino que vivem em uma eterna guerra. Não são as diferenças biológicas entre homens e mulheres que determinam o emprego da violência. São os papéis sociais impostos a mulheres e homens, reforçados por culturas patriarcais que estabelecem relações de dominação e violência entre os sexos.

Em virtude desse componente cultural, que não pode ser ignorado, é que se faz igualmente fundamental a ação educativa, a fim de construir uma sociedade livre dos estereótipos que conduzem a uma relação de desigualdade. Nesse sentido, faz-se necessário que desde a educação básica haja a preocupação com a igualdade entre os gêneros. E, paralelamente, é preciso que todos os atores envolvidos direta ou indiretamente com as violações aos direitos das mulheres tenham capacitação específica para lidar com essa questão. Compreendendo o fenômeno dessa forma, abre-se a perspectiva de que possa ser efetivado um processo educacional que interfira na construção e no desenvolvimento de papéis sociais novos nos quais a dignidade e o respeito mútuo sejam as diretrizes principais.

---

[1] *Transformaciones en las Familias Centroamericanas*, In: Estudios Básicos de Derechos Humanos. San José, C.R.: IIDH, Comisión de la Unión Europea, 1996. v. 4, p. 327.

A violência contra a mulher pode ser considerada uma doença social, provocada por uma sociedade que privilegia as relações patriarcais, marcadas pela dominação do sexo masculino sobre o feminino.

O problema é complexo e envolve medidas judiciais, administrativas, legislativas, econômicas, sociais e culturais, sem as quais fica impossível dar um tratamento global a esse sério problema. Nesse sentido, Norberto Bobbio[2] afirma que o problema grave de nosso tempo, com relação aos direitos humanos, não é mais fundamentá-las, e sim protegê-las.

Existe uma legislação internacional e nacional capaz de reduzir a violência contra as mulheres, se aplicada de modo consistente e efetivo, com a convocação de todas as áreas do conhecimento e de atuação.

Desde 1993, há o reconhecimento de que os direitos das mulheres fazem parte dos direitos humanos. Isso não basta para corrigir uma situação que foi estruturada milenarmente de forma desvirtuada baseada nas desigualdades sociais, econômicas e políticas. Mas é um passo à frente que deve abrir novos caminhos na busca da igualdade de direitos.

A falta de políticas públicas e de vontade política das autoridades e poderes constituídos para impulsionar e destinar recursos para a promoção da mulher e da equidade de gênero impede o desenvolvimento de respostas globais às demandas das mulheres. A negligência e o descaso são responsáveis por ceifar vidas de mulheres e torná-las mutiladas física e moralmente.

---

[2] *A era dos direitos*, Trad. de Carlos Nelson Coutinho. Rio de Janeiro: Campus, 1992. p. 25

É preciso criar políticas de incentivo para o desenvolvimento de estratégias de reconhecimento da natureza complexa da violência contra a mulher, imbricada com as questões sociais e étnicas/raciais, para alcançar uma abordagem integral do fenômeno na aplicação de medidas resolutivas. O poder público não pode separar medidas de atenção das medidas de prevenção, sob pena de tornar mais onerosos e menos eficientes os serviços públicos. É preciso reconhecer as diferenças individuais de comportamento e as necessidades particulares de todas as pessoas envolvidas nas relações de violência. Devem-se garantir ações diferenciadas.

As intervenções nas situações de violência de gênero devem ser efetivas para deter o mais rápido possível a agressão e reduzir ao máximo a exposição das pessoas afetadas a novas situações violentas.

Há necessidade de adoção de medidas de discriminação positiva ou ações afirmativas para promover condições e oportunidades de igualdade para as mulheres, considerando a diversidade econômica, cultural, social, étnica/racial, etária e de orientação sexual.

Cabe ao Estado e à sociedade exigir que os agressores assumam a responsabilidade de suas ações e não permitam a transferência da culpa para outras pessoas, inclusive a agredida, nem a continuidade do emprego da violência. O Estado deve ser obrigado a adotar uma ação direta com os agressores, vítimas e demais envolvidos, e garantir a capacitação permanente dos profissionais que lidam com a atenção às vítimas e aos agressores. Caso contrário, o desgaste emocional e profissional dessas pessoas compromete o acolhimento, o atendimento e todo o trabalho de reparação dos danos morais e materiais e de prevenção, banalizando as iniciativas políticas e a própria violência de gênero.

Por fim, é preciso reverter a perversa incoerência de gastos com a prevenção, punição e a erradicação da violência contra a mulher, que se encontram muito abaixo do que representa para o PIB nacional a existência dessa violência. Ou seja, o impacto da violência no PIB, que é da ordem de 10% de seu total, requer que sejam repensadas urgentemente, as previsões de gastos para o seu combate e erradicação. Não cabe justificar a ausência de políticas e serviços públicos com a rotineira expressão *falta de verbas*. De qualquer forma, direta ou indiretamente, a violência de gênero onera a economia do país e empobrece a mulher.

É necessária e urgente a mobilização dos diferentes setores da sociedade e de todo o aparato do Estado para deter, prevenir e erradicar a violência de gênero por meio de ações e medidas articuladas e coordenadas, de maneira que somem e multipliquem os esforços de todas as iniciativas.

INDICAÇÕES PARA LEITURA

ALMEIDA, Suely Souza. *Femicídio algemas (in)visíveis do público-privado*. Rio de Janeiro, Livraria e Editora Revinter Ltda, 1998.

BORELLI, Andrea. *Matei por amor!* São Paulo, Instituto Brasileiro de Direito Constitucional, 1999.

Conheça seus Direitos: *Violência Doméstica e Sexual* – União de Mulheres de São Paulo/ V. Ítalo Cardoso, São Paulo, 2001.

Direitos Humanos: Construção da Liberdade e Igualdade – Série Estudos nº 11 – Procuradoria Geral do Estado de São Paulo – Grupo de Trabalho de Direitos Humanos, São Paulo, 1998.

HERMANN, Leda. *Violência doméstica: a dor que a lei esqueceu – comentários à lei 9.099/95*. Campinas: CEL-LEX Editora, 2000.

IZUMINO, Wânia Pasinato. *Justiça e violência contra a mulher – o papel do sistema judiciário na solução dos conflitos de gênero*. São Paulo: Ed. Annablume – FAPESP, 1998.

JUNIOR, Alberto do Amaral; **Perrone**, Cláudia, Moisés (orgs.) – *O Cinquentenário da Declaração Universal dos Direitos Humanos*, São Paulo, Editora Biblioteca – Edusp de Direito 6, 1999.

Mulheres: Vigiadas e Castigadas – Seminário "Normatividade Penal e Mulher na América Latina e Caribe", Cladem, São Paulo, 1995.

OLIVEIRA, Djaci David; **Geraldes**, Elen Cristina; **Lima**, Ricardo Barbosa (orgs.) – *Retrato dos Homicídios Femininos no Brasil – Primavera já partiu* – Petrópolis, Editora Vozes, 1998.

PIOVESAN, Flávia. *Direitos humanos e o direito constitucional internacional*. São Paulo: Max Limonad, 1996.

Políticas Públicas para as Mulheres no Brasil – 5 anos após Beijing, Articulação de Mulheres Brasileiras – Brasília, 2000. E-mail: articulacao@demea.org.br

Projeto: *Implantação do Serviço de Atendimento aos Casos de Violência Doméstica – relato sobre a experiência no Hospital Pérola Byington* – União de Mulheres de São Paulo, março de 2000.

Questão de Vida – São Paulo, Cladem, julho de 2000/E-mail: cladem@osite.com.br

SAFFIOTI, Heleieth I. B.; **ALMEIDA**, Suely de Souza. *Violência de gênero: poder e impotência*. Rio de Janeiro: Revinter, 1995.

SILVA, Marlise Vinagre. *Violência contra a mulher: quem mete a colher?* São Paulo: Cortez, 1992.

TAVARES, Dinalva M.C. *Violência Doméstica: Uma Questão de Saúde Pública?* Dissertação de Mestrado da Faculdade de Saúde Pública da Universidade de São Paulo, 2000.

Violência contra a Mulher – Comentários sobre Políticas Públicas. União de Mulheres de São Paulo, 1999.

SOBRE AS AUTORAS

Maria Amélia de Almeida Teles

Maria Amélia foi presa política em São Paulo (de 1972 a 1973) juntamente com sua família: filhos, marido e irmã, que à época se encontrava grávida de sete meses, e cujo filho nasceu na prisão. É militante feminista desde 1975, trabalhou no Jornal *Brasil Mulher* e na coordenação dos três congressos paulistas de mulheres. Fez parte do Comitê Brasileiro pela Anistia. Participou dos movimentos de mulheres da periferia e da coordenação do Movimento de Luta por Creches. Trabalhou e foi integrante do Conselho Estadual da Condição Feminina de São Paulo.

Desde 1981 atua na entidade feminista União de Mulheres de São Paulo. Integrou a equipe organizadora do 10º Encontro Nacional Feminista, em 1989. Fez parte do Grupo de Trabalho que elaborou o projeto de criação da Coordenadoria Especial da Mulher na prefeitura Municipal de São Paulo. Em 1990 foi nomeada pela prefeita Luíza Erundina para a Comissão Especial de Investigação das Ossadas de Perus, que teve como principal atividade a localização de desaparecidos políticos do regime militar. Coordenou o projeto da União de Mulheres de São Paulo pela implantação dos serviços de atendimento aos casos de violência doméstica no Hospital Pérola Byinton. Atualmente, coordena o Projeto de Promotoras Legais Populares que capacita mulheres para o acesso à justiça. É autora do livro *Breve História do Feminismo no Brasil*/Coleção Tudo é História.

Integra a assessoria da Comissão de Direitos Humanos da Câmara Municipal de São Paulo e da Comissão Especial da Lei 10.726/2001, que visa indenizar ex-presos políticos.

Tem atuação frequente no movimento feminista e no movimento de mulheres com ações voltadas para o combate à violência de gênero.

Mônica de Melo

Mônica de Melo é Procuradora do estado de São Paulo, Professora Mestre de Direito Constitucional da PUC/SP e Diretora do Instituto Brasileiro de Advocacia Pública. Atualmente está cursando o Doutorado na PUC/SP. Tem atuado no movimento de mulheres na área dos direitos humanos, é coordenadora da ONG *Oficina dos Direitos da Mulher*, Conselheira Consultiva do Núcleo de Estudos da Mulher e Relações Sociais de Gênero da Universidade de São Paulo (NEMGE/USP), membro do Conselho Diretor da ONG *Elas por Elas na Política* e uma das coordenadoras do projeto de capacitação de mulheres Promotoras Legais Populares. Tem pesquisado e estudado o Direito com base em uma perspectiva de gênero, publicando diversos artigos e monografias. Foi vencedora com seus trabalhos do Prêmio Maria Augusta Saraiva da Ordem dos Advogados do Brasil – Seção de São Paulo, em 1999, e do Prêmio Procuradoria Geral do Estado de São Paulo em 2000. Em ambos analisa o tema da violência contra a mulher. É autora do livro *Mecanismos Constitucionais de Participação Popular: Plebiscito, Referendo e Iniciativa Popular*. Foi por um ano e meio colunista do jornal *Diário Popular*, redigindo coluna semanal sobre o tema "direitos da mulher".